Petra Aiana Freese

Lady Portia

Die vier Kräfte der neuen Weiblichkeit

Ein Heilungsbuch

Bitte fordern Sie unser kostenloses Verlagsverzeichnis an:

Smaragd Verlag
In der Steubach 1
57614 Woldert (Ww.)
Tel.: 02684.978808
Fax: 02684.978805
E-Mail: info@smaragd-verlag.de
www.smaragd-verlag.de

Oder besuchen Sie uns im Internet unter der obigen Adresse.

Deutsche Erstausgabe Januar 2008
Fotos Cover:
© Yvonne_Bogdanski - Fotolia.com
Umschlaggestaltung: preData
Satz: preData
Printed in Czech Republic
ISBN 978-3-938489-53-6

Petra Aiana Freese

Lady Portia

Die vier Kräfte der neuen Weiblichkeit

Ein Heilungsbuch

Smaragd Verlag

Über die Autorin

Die Autorin ist seit 1999 spirituelle Lehrerin, nachdem sie auf Grund eigener schwerer Erkrankung viele Heilungswege gegangen ist, auf denen sie von dem Aufgestiegenen Meister Maha Cohan geführt und begleitet wurde.

1998 wurde ihr von Maha Cohan der Neuner-Weg als Einweihungsweg für Reiki-Meister/innen gegeben.

Im Jahre 2005 gab Maha Cohan die Angaben für das 11-Chakren-System durch und fügte im Jahre 2006 die jeweiligen Erzengel und Meister/innen dazu. Es entstanden die CAMI´s.

Im Jahre 2003 „meldete“ sich Lady Portia als Begleiterin für die Verbindung zu der großen Schöpfer-Göttin, und es entstand auch mit Lady Portia eine wunderbare und bereichernde Zusammenarbeit, die aus dem Leben der Autorin nicht mehr wegzudenken ist.

Die Autorin lebt zurückgezogen in Schleswig-Holstein mit ihrem Mann, einem erwachsenen Sohn und den gemeinsamen Katzen.

Sie ist die Urheberin des „Neuner-Weges“ und der „Arbeit mit den vier Kräften“.

www.mahacohan.de

Email: info@mahacohan.de

Inhalt

Vorwort

Ich danke allen Frauen, die mir jemals begegnet sind, dafür, dass sie mich an ihrem Schicksal haben teilhaben lassen und mich damit inspirierten, über die Regenbogenbrücke zu gehen und zu fragen.

Ich danke allen Männern, die mir jemals begegnet sind, für ihre ehrlichen Antworten und ihr Vertrauen.

Ich danke Mutter Erde für alles, was sie mir tagtäglich schenkt, und dass sie mich immer wieder so wunderbar willkommen heißt, wenn ich aus der Traumzeit zurückkehre in mein alltägliches Bewusstsein.

Ich danke ganz besonders all meinen Schülerinnen und Schülern, meinen Wegbegleiterinnen und Wegbegleitern, die mich unendlich viel gelehrt haben über das Menschsein und mich immer wieder veranlassten, die Kräfte des Lichts um Hilfe zu bitten und auf diesem Weg Antworten zu bekommen und weitergeben zu dürfen.

Ich danke aus ganzem Herzen den Kräften des Lichts, die mir und uns so unermüdlich zur Seite stehen in ihrer unendlichen Liebe und Güte und Weisheit.

Möge die Liebe der Großen Göttin uns auf unserem Weg begleiten und uns erfüllen, segnen und halten.

Petra Aiana Freese

Lady Portia

Ich bin die Liebe und die Schöpferkraft der Großen Göttin
und seit Anbeginn der Zeit auf Gaia.
Ich bin die Schöpferin und Mutter dieses Universums;
die Liebe, die Leben erschafft und nimmt,
verändert und gebiert.
Alles Leben ist aus und von mir.

Das Ende – die letzte Inkarnation auf Gaia

Ich war die letzte Priesterin vom See, Hüterin der Geheimnisse der Weiblichkeit, der Göttin und der Schöpfungskraft.

Früher waren viele Priesterinnen über die Erde verteilt, unser Ursprung war in Lemuria.

Das magische Wissen aus Lemuria wurde weitergegeben an die nachfolgenden Priesterinnen. Es zog sich durch alle Kulturen und Zeiten und wurde mündlich überliefert. Verstand eine, die Zeichen der Schöpfung zu lesen und mit dieser zu kommunizieren, wurde sie in die Zyklen eingebunden. Die Priesterinnen waren Hebammen, Kräuterkundige und vertraut mit den Kräften der Gezeiten und den Elementen sowie deren Hütern.

Wir waren stets verbunden mit der Anderswelt, konnten die Vortexe* der Erde wahrnehmen und nutzbringend für die Schöpfung, also für Mensch und Tier, Pflanze und Stein, einsetzen.

Wir waren und sind verbunden mit den Welten der ganzen Schöpfung als Mysterium der Göttin; es war wichtig für uns, stets eine gewisse Achtsamkeit und Aufmerksamkeit zu haben, da das Schöpfungsspiel immer und überall stattfand.

---

* Ein Vortex ist ein Dimensionstor; sie befinden sich überall auf der Erde in unterschiedlichen Größen und werden meistens als Strudel wahrgenommen.

Wir waren in der Lage, ständig eine gewisse Grundspannung aufrechtzuerhalten und mit geschärften Sinnen unser Leben zu gestalten.

Es gab einige Hohepriesterinnen, die über eine andere Ebene stabil miteinander verbunden waren. Auf diesem Weg konnten sie sich austauschen und helfen, Schülerinnen konnten durch die Welt reisen und überall lernen, was für sie wichtig und im Sinne der weiblichen Schöpfungskraft war.

Jede Schülerin wies von der Göttin mitgegebene Talente auf, die herausgearbeitet und verfeinert wurden.

Sie wurden für die Dauer ihrer Ausbildung von der übrigen Welt abgeschirmt, auch von ihren Familien. Diese wussten sehr wohl, dass sie eine ganz besondere Tochter hervorgebracht hatten, und konnten es geschehen lassen.

Nach Ende ihrer Einweihungsjahre entschieden die Priesterinnen selbst und im Einvernehmen mit ihrer spirituellen Führung, welchen Weg sie weitergehen würden.

Es kam nicht sehr häufig vor, dass eine Priesterin schwanger wurde und ein Kind gebar. Kam es vor, wurde dafür gesorgt, dass dieses Kind im Schutzbereich der Großen Göttin aufwuchs, denn es brachte besondere Talente mit in das Leben, die der Gemeinschaft und der Schöpfung dienlich waren.

Wir gingen grundsätzlich davon aus, dass das entstehende Kind und auch die werdende Mutter eine Besonderheit im priesterlichen Rahmen darstellten.

Auseinandersetzungen mit der männlichen Seite gab es nicht; die Männer hatten ihre Tätigkeitsbereiche, und selbst wenn diese zusammenfielen oder sich überschnitten, wurden Lösungen gefunden, denn es ging allen Priestern um das Wohl des Ganzen, der Allgemeinheit, der Schöpfung.

Oftmals traten Situationen auf, wo eine weibliche Priesterin einen männlichen Priester zu Rate zog oder um Hilfe bat; eine Kontroverse zwischen den Geschlechtern war nicht vorhanden.

Frauen wurden geachtet, schon aufgrund ihrer Fähigkeit, Kinder zu gebären, und ihrer liebevollen Beziehung zur Schöpfung. Schon deswegen hatten Frauen keinen Anlass, sich gegen das Männliche zu wenden, und Männer hatten keinen Anlass, sich gegen das Weibliche zu wenden. Es gab keine Trennung. Für beide Geschlechter war es selbstverständlich, dass beide Formen des Menschseins Ausdruck der Schöpferkraft, der Großen Göttin waren.

Zweifel an der so genannten Dualität oder gar eine Ablehnung der Dualität wären uns nicht in den Sinn gekommen; es war, wie es war, und so war es gut.

Genauso wie Frauen Mädchen und Jungen gebären, hat die große Göttin beide geboren und geliebt.

Die Sexualität zwischen den Geschlechtern wurde als heilig angesehen, denn sie konnte Leben hervorbringen und stellte für uns die Schöpfungskraft selbst dar. Das waren die Strukturen, die von Lemuria und Atlantis aus in die Welt getragen wurden und dort ihre verschiedenen Ausdruckformen fanden. Die Ausdrucksform hing von den natürlichen Gegebenheiten der Orte ab, an denen die Priesterschaft sich niederließ.

So war die Spiritualität über die lange Zeit in ihrer jeweiligen Ausdrucksform gewachsen, und ich hatte viele Inkarnationen in den verschiedenen Kulturen verbracht. Und es war auch die Grundlage meiner letzten Inkarnation als Priesterin von Avalon.

Als die neue Religion mit ihren Priestern in das Land kam, war ich vorbereitet und wusste, dass etwas für mich und uns Unvorstellbares passieren würde. Doch ich hoffte bis zuletzt, es aufhalten oder abmildern zu können. Ich war nicht alleine mit dieser Hoffnung, und da wir die ankommenden Menschen auch als Kinder der Göttin sahen, waren wir nicht in der Lage, ihnen feindlich entgegenzutreten.

Wir suchten die Göttin in ihren Geschichten und waren verwundert, dass es bei ihnen nur einen männlichen Gott gab, der seinen Sohn geschickt haben sollte. Wir hätten diesen Sohn wohl eher als Hohepriester bezeichnet und verstanden diese Lehre nicht, denn für uns waren alle Geschöpfe aus der Großen Göttin.

Die mitgebrachten Lehren klangen liebevoll und freundlich, und wir hatten keine Veranlassung, feindlich oder abweisend zu reagieren.

Wir spürten, dass hinter diesen Menschen etwas Bedrohliches stand, aber wir waren sicher, dass die Göttin das von uns fernhalten würde.

Sonderbar war für uns, das dieser Gott seinen Sohn geopfert hatte – etwas für uns Unvorstellbares.

In Träumen erfuhr ich, dass die Göttin das nicht vorgesehen hatte. Sie hatte sich dem Schöpfungsplan gebeugt, und es war wichtig, dass ein neuer Zyklus beginnen und jedes Geschlecht lernen konnte, sich genauer zu definieren.

Die Göttin sah es als notwendig an, dass ihre männliche Seite gleichberechtigt würde, stark, kraft- und liebevoll ist. Vielleicht war die Liebe der Göttin zu groß, und sie nahm nicht wahr, welche Bedrohung auch für ihr Wirken und Sein für die Schöpfung durch die Veränderung entstehen würde.

Zu meinem Entsetzen wurde es als wichtig angesehen, dass dieser Zyklus stattfinden solle. Leider war nicht klar, in welchem Ausmaß es geschehen und was es insgesamt für die Göttin und die Weiblichkeit bedeuten würde. In mir wurde der Gedanke immer stärker, dass dies nicht nur zur Trennung von Männlich und Weiblich führen würde, sondern auch zur Trennung von Gott und Göttin.

Es würde nicht vereinen, sondern bis auf höchste Ebenen trennen, da die Grundsätze der Ganzheit aufs Stärkste verletzt wurden. Und mit wachsendem Entsetzen musste ich mit ansehen und erleben, wie die eingewanderten Priester ihre eigenen Grundsätze und Verkündigungen mit Füßen traten und gegen sie verstießen.

Sie erzählten dem Volk davon, und so wie dieses in Angst und Schrecken gebunden war, distanzierten sie sich davon. Sie hatten für sich selbst eigene Regeln entworfen.

Durch intensive Magie wurde ein Netz um Gaia gelegt, und viele Kräfte des Lichtes konnten dadurch nicht mehr eingreifen, schützen und begleiten. Die dunkle Zeit Gaias begann, und somit auch die dunkle Zeit der Menschheit, der Tierwelt und der gesamten göttlichen Schöpfung.

Die Priester sprachen auch nicht mit ihrem Gott; ich hörte sie zwar reden, aber ich konnte weder die Anwesenheit eines Gottes spüren, noch hörte ich ihn antworten.

Unsere Göttin wurde immer weiter verdrängt, energetisch gebannt und fortgeschoben. Es kam gehäuft zu Fehlgeburten, Krankheiten, schlechten Ernten und Verarmung. Das Vertrauen der Menschen in die Schöpfung und in die Göttin wurde erst systematisch zerstört und dann genommen. Die Menschen lebten nicht mehr in Einklang mit der Schöpfung, sie fühlten sich plötzlich schmutzig und hässlich, wiesen die Geschenke der Erde zurück, und die Suche nach Schuldigen begann.

Als mir klar wurde, dass ich es nicht würde aufhalten können, beendete ich freiwillig mein Leben als Hohepriesterin und verbrachte lange Zeit in der Anderswelt.

Die Erdengel beziehungsweise Feen nahmen sich sofort meiner an, wie sie es mit vielen weiblichen Seelen taten, die sich aus der sichtbaren Schöpfung lösten.

Von dem Feenreich wurde Begleitung und Schutz für die Opfer der Veränderung eingesetzt, so viel und so oft es möglich war, und dadurch konnte zumindest das Leid der Seelen etwas gelindert werden.

All mein Wissen über die Kraft der Elemente, den Umgang mit ihnen und ihren Hütern und die alten mitgebrachten Einweihungswege nahm ich mit mir fort aus der Welt der Menschen.

Aus der Anderswelt heraus konnte ich hin und wieder einen Blick in die Menschenwelt erhaschen, wenn ich es wollte. Meistens wollte ich es nicht, sondern machte all das, was ich immer gemacht hatte, und zog mich zusammen mit der Göttin völlig zurück.

Mein Schmerz war tief und unendlich, meine Trauer und Fassungslosigkeit wollten nicht heilen. Und ich begann an allem zu zweifeln, was mir bis dahin als selbstverständlich erschienen war. Ich musste Wege finden, meinen Zorn und meinen Hass, die sich tief in mich gegraben hatten, ans Licht zu holen und zu versuchen, sie zu heilen. Ich zweifelte an allem, was ich gelernt und gelehrt, an allem, woran ich geglaubt hatte. Ich zweifelte aus tiefstem Herzen an meiner Liebe zu der Großen Göttin, an ihrer Existenz, an der Schöpfung.

Das Männliche hatte sich gegen das gewandt, was Leben brachte, als wollte es sich selbst zerstören. Das Reich der Göttin wurde mit Angst und Schrecken überzogen; die Priesterinnen von einst wurden gejagt, gequält und ermordet. Der männliche Gott schreckte vor keiner Grausamkeit zurück, um das Weibliche zu zerstören.

Aber ich wusste, dass die Göttin auch ihre Söhne liebt und sich das, was nun geschah, nicht einfach so ansehen würde.

Es war nicht Gott, der das tat, es waren Männer, verblendet von Angst, Macht und Gier. Verloren in ihren Gefühlen und ihrer Grausamkeit – gottlos geworden.

Ich spürte, wie das, was sonst als Liebe von der Göttin wahrnehmbar war, sich in eine kämpferische Energie verwandelte und wie sie begann, die Kriegerin in sich zu entwickeln. Sie schickte den Frauen besondere Gaben, die diese heimlich anwandten und ausprägten.

Sie sandte erleuchtete Seelen, die hier und da etwas aufbauten, und schützte sie mit all ihrer Kraft und Macht.

Sie entdeckte den Reiz des Geheimnisses, und ihre Regeln wurden stärker und klarer. Sie entwickelte ihren Tod bringenden Aspekt und begann, die Menschen auf sich selbst zurückzuwerfen.

Sie selbst entschied sich, sich von ihren Söhnen zu trennen, kreierte Kriege und Gewalt und schickte die in den Wahnsinn, die die Schöpfung nicht liebten.

Da ich so eng mit ihr verbunden war, durchlebte ich jede dieser Phasen mit ihr, so wie es auch heute jede erwachende Frau tut, und ich spürte, wie die Göttin wuchs und ihre Kraft stärker und stärker wurde.

Ich selbst fand irgendwann meine innere Ruhe zurück, als ich auf die Ebene der Aufgestiegenen Meister kam. Dort traf ich Jesus Sananda, und mir wurde immer klarer, dass das nicht seine Absicht, nicht sein Wille gewesen war. Er war in die Welt der Menschen gekommen, um das aufzuhalten, was mich so hatte verzweifeln lassen. Jesus

Sananda hatte diese bedrohliche Entwicklung vorausgesehen und sich eingebracht, um sie abzuschwächen und dem Bösen die Stirn zu bieten. Er war ein Werkzeug des Göttlichen in all seinen Aspekten, genau wie ich.

Er war mir ein wunderbarer Begleiter in vielen Situationen und half mir, meinen Weg auf die Ebene der Aufgestiegenen zu vollenden.

Auch ihm gefiel die Entwicklung nicht. Er hatte sich bereits intensiv damit auseinandergesetzt und seine innere Ruhe wiedergefunden, denn letzten Endes unterstehen wir alle den Zyklen des Seins, dem Karmischen Rat und der höchsten Instanz, der Großen Göttin und ihrem geliebten Gott.

Das Dunkle kann immer nur für eine gewisse Zeit mächtig sein, und diese Macht aufrechtzuerhalten ist mit großem Kraftaufwand verbunden, und es wird sich immer selbst zerstören, da es auf sich selbst zurückfällt. Das göttliche Licht wird sich immer wieder seinen Weg bahnen, denn es geht um den Aufstieg der gesamten Schöpfung.

Das, was uns als grausam und schrecklich erscheint, sind Entwicklungsphasen für den Aufstieg und die Heilung der Schöpfung. Sicherlich sind die Kräfte da, die die Erde in die Dunkelheit ziehen beziehungsweise sie dort gerne belassen wollen. Aber es kann immer nur für gewisse Zeiträume stattfinden, die von den erwachten Seelen zum eigenen Wachstum genutzt werden, da die Lichtkräfte mit

Leichtigkeit und Freude arbeiten und jede Seele mit Freude und Liebe annehmen und begleiten.

Und so gewann ich mein Vertrauen zurück, konnte wieder heil und ganz werden und begann mit meiner Arbeit auf der Ebene der Aufgestiegenen Meister/innen.

Von dort aus arbeite ich am Erwecken der alten Kräfte des Lebens und der Freude; mein Wunsch ist, die Freiheit des Weiblichen und das Vertrauen zwischen den Geschlechtern wieder herzustellen. Mir ist klar, dass es sehr viel Zeit brauchen und viele tiefe Wunden der Heilung mit sich bringen wird. Doch es sind so viele Lichtarbeiter auf der Erde, dass es gelingen wird.

Da viele menschliche Aktivitäten derzeit im spirituellen Bereich ablaufen, wurde ich als Hüterin der Schwelle und der Einweihungen eingesetzt; meine Vertrautheit mit Ritualen und Einweihungen kommt mir dabei sehr zugute, und so stehe ich immer dabei (manchmal spürbar und manchmal nicht), wenn eine Seele eine spirituelle Einweihung erfährt.

Auf den anderen Ebenen wird diese Entwicklung sehr begrüßt und gefördert, geschützt und begleitet. Sie bringt die Menschheit zurück zu der Individualität, die das Gemeinsame erschafft. Sie unterstützt den Selbstfindungsprozess des Einzelnen sehr und hilft euch, euch eurer selbst bewusst zu werden.

Die Schwingung der Schöpfung wird laufend erhöht und von der anderen Seite gesenkt, damit wieder ein Miteinander und eine Entwicklung der individuellen Göttlichkeit stattfinden können.

Jedes Geschöpf ist ein Ausdruck des Göttlichen, auf allen Ebenen. Weibliche Geschöpfe sind der Ausdruck des weiblich Göttlichen, männliche des männlich Göttlichen. Die Aspekte des Göttlichen drücken sich durch die Dualität aus, und wenn ihr versucht, die Dualität zu überwinden, versucht ihr, das Göttliche zu überwinden.

Egal, in welcher Form, auf welchem Planeten und auf welcher Ebene: Das Göttliche verwirklicht sich immer durch beide Geschlechter. Auf anderen Planeten finden andere Formen des äußerlichen Ausdrucks der Fortpflanzung statt, aber auch dort sind beide Geschlechter erforderlich.

Ich hoffe, ihr lernt, eure Geschlechtlichkeit nicht als Last, sondern als Geschenk zu betrachten und die jeweilige Form, in der ihr eine Inkarnation verbringt, als Geschenk und Entwicklungsmöglichkeit anzunehmen und zu ehren.

☆☆☆

Meine Reise auf Gaia

Meine erste Inkarnation auf diesem Planeten erlebte ich in Lemuria. Ich war zusammen mit anderen Seelen von der Venus gekommen, um die Schöpfungskraft und Möglichkeit der Reproduktion auf Lady Gaia zu verankern.

Das alles konnte nur mit Zustimmung von Lady Gaia stattfinden, und sie hatte sich bereit erklärt, der Evolution der Seelen zur Verfügung zu stehen und zu helfen.

Viele Geschöpfe wurden langsam zu Lady Gaia transformiert, das war notwendig, da sie aus anderen Frequenzen kamen.

Nachdem Wale und Delfine hierhergebracht worden waren und sich integriert hatten, wurde die Position von Lady Gaia etwas verändert. Es war wichtig für die weitere Entwicklung von Gaia und der inzwischen auf ihr angesiedelten Geschöpfe. Durch die Wale und Delfine wurde die Verbindung zu den Heimatplaneten gehalten.

Dadurch konnten wir in ständigem Kontakt mit unseren Heimatplaneten stehen und uns auch jederzeit dorthin begeben.

Maha Cohan brachte die Sternensaat in Form der Mineralien, so dass durch den Umgang mit Mineralien jede Planetenenergie des Universums mit Gaia verbunden ist.

Er pflanzte die Mineralien auf Gaia mit ihrem Einverständnis, damit die Verbindung zwischen dem Kosmos und der Erde immer aufrechterhalten werden konnte.

Das ist bis heute so.

Der Karmische Rat hatte hier damals nicht viel zu tun, denn da alles im Aufbau begriffen war und es noch keine Sterblichkeit gab, bestand keine Veranlassung für ein Eingreifen.

Ich war zuständig für den Aufbau der Tempel, die die entsprechenden Kristalle enthielten. Diese Kristalle hielten zusammen mit den Walen und Delfinen die Verbindungen zwischen den Planeten, dienten als Transmitter in jeder Form.

Die Tempel waren der Großen Göttin geweiht, Lady Gaia. Die großen Kristalle wurden unterschiedlich eingesetzt, je nach Form und Farbe. Einige Tempel waren nur für die Verbindung und Übermittlung von Informationen da, andere für die Frequenzänderung der Seelen und wieder andere dienten der Entwicklung der bereits länger hier anwesenden Seelen.

Manche Aspiranten verbrachten bestimmte Zyklen in den Tempeln und verließen sie wieder, nachdem ihre Transformation abgeschlossen war.

Wir arbeiteten, experimentierten und waren immer wieder erstaunt, mit welcher Leichtigkeit, Fülle und Freude Lady Gaia Leben hervorbrachte in einer Vielfalt, die uns ständig bereicherte und faszinierte.

Wir begannen, mit ihr zu leben, zu arbeiten und uns mit ihr zu entwickeln; wir lernten, sie zu verstehen, ihr zu helfen und sie zu nutzen.

Ihr unendliches Mitgefühl bot uns für jede Störung ein Heilmittel an, sei es als Pflanze, als Stein, als Zeichen oder als Element.

Sie führte uns sanft an sich heran und teilte ihre Gaben mit uns; wir taten das Gleiche und boten ihr von unseren Gaben.

Wir lebten im Einklang.

Zu der Zeit gab es keine Trennung zwischen den Welten, sondern durch das gegenseitige Miteinander lernten die Wesen der verschiedenen Welten voneinander. So entschieden sich manchmal Feen und Engel für die Körperlichkeit, um zu erleben, wie ein solches Leben sich anfühlt und stattfindet.

Es war immer die freie Entscheidung, verkörpert zu sein oder nicht, und oftmals einfach eine Veränderung aus Zweckmäßigkeiten heraus.

Es bestand ein reger Austausch zwischen den Heimatplaneten und der Erde.

Wir selbst waren unsterblich und beobachteten und erforschten die Zyklen des Lebens und des Sterbens auf Lady Gaia. Wir versuchten, den Sterbeprozess zu verstehen und ein Gefühl und Verständnis für die Zyklen zu bekommen.

Es waren für uns völlig neue Erfahrungen.

Lange Zeit widmeten wir der Beobachtung der Zyklen: Leben entstand, und Leben verging.

Wir konnten lernen, wie die Seelen der Geschöpfe Lady Gaias sich aus ihren Körpern lösten und eingingen in eine Monade.

Der losgelassene Körper wurde wieder zu Erde, und neue Geschöpfe wurden geboren.

Für uns ein faszinierendes Erlebnis, das wir gründlich studierten.

☆☆

Irgendwann setzte Unruhe ein, zuerst kaum spürbar, ein leichtes Vibrieren, das gelegentlich auftauchte.

Wir führten es auf Veränderungen des Universums zurück und nahmen es anfangs nicht ernst. Als die Kristalle in den Tempeln begannen, ihre Position zu verändern, wurde uns klar, dass sich etwas Einschneidendes ereignen würde.

Wir wurden informiert, dass sich unsere Position im Planetenverbund ändern würde, und es stand die Entscheidung für jede/n an, ganz auf Gaia zu bleiben und somit in die Körperlichkeit einzutreten, oder Gaia zu verlassen.

Ich entschied mich mit vielen anderen, auf und bei Gaia zu bleiben. Inzwischen war auf Atlantis eine Kolonie entstanden, und es herrschte ein reger Austausch, den wir alle als bereichernd empfanden.

Wir erfuhren, dass wir somit in die Zyklen des Sterbens und der Wiedergeburt eingehen würden, aber das stellte für uns keine Bedrohung dar. Unser Bewusstsein war so klar, dass wir davon ausgingen, vollkommen bewusst wiedergeboren zu werden.

Die Verbindungen zu den jeweiligen Heimatplaneten blieben durch die Kristalle und andere Technologien erhalten, und ich entschied mich, dass nun mein Platz für eine lange Zeit auf Gaia sein würde.

Wir sahen das, was nun auf uns zukam, nicht als bedrohlich an, denn das war es nicht. Und wir würden durch das eigene Erleben vertrauter werden mit den Zyklen der Erde.

☆☆☆☆☆

Transformation

Wir lernten, das, was ihr heute als Sterben bezeichnet, in unser Sein zu integrieren.

Wir sahen die Seelen, die die sterbenden Körper verließen, und halfen ihnen auf ihrer Reise. Auch in diesem Bereich wurden immer der freie Wille und das Wohl der Gemeinschaft geachtet.

Seelen, die nicht von Gaia gehen wollten, blieben in den Tempeln oder in der Nähe ihrer Familien, bis sie wieder inkanierten.

Dies war für uns eine völlig neue Erfahrung, die es zu beobachten galt. So lernten wir die Phasen auf allen Ebenen gut kennen, wurden mit ihnen vertraut und legten bereits vor dem Sterben fest, wann wir wo wieder inkarnieren wollten.

Da sich inzwischen immer mehr Kontakte zu Atlantis ergeben hatten begannen wir auch dorthin zu wechseln, um uns gegenseitig zu helfen und zu lernen.

Auch auf Atlantis gab es große Kristalle und sehr bereichernde Lehrer/innen und Priester/innen; ich selbst hatte mit Atlantis nur zu tun, wenn es um die Positionen und Eigenschaften von Kristallen und um den Austausch von Schülerinnen ging. Mir blieb Atlantis immer einigermaßen fremd, und ich fühlte mich dort auch nicht hingezogen.

Mein Wirken war in den Tempeln auf Lemuria im Auftrag der Göttin; ich lehrte die Aspirantinnen und achtete darauf, dass die weibliche Seite der Spiritualität zu ihrer ganzen Größe heranwachsen konnte, ausgebildet und erhalten wurde.

An den Wechselzyklen der Körperlichkeit nahm ich kaum teil, da es einfach zu lange dauerte, bis ich meine Arbeit hätte wieder aufnehmen und fortsetzen können.

Ich lehrte die Priesterinnen, die Wege der Seelen zu begleiten und bei der erneuten Inkarnation die wieder verkörperte Seele an ihr Wissen und Wirken erneut anzubinden, damit trotz der zyklischen Prozesse nicht jedes Mal wieder von vorne angefangen werden musste.

So wurde bei einer wieder inkarnierten Priesterinnen-Seele in ihrer Entwicklung dort angesetzt, wo sie in der vorherigen Inkarnation gestorben war. Damit wurden Lücken in den Entwicklungen geschlossen, Erinnerungen und altes Wissen von den jeweiligen Heimatplaneten blieben erhalten.

Mit der Zeit bemerkte ich, dass um mich herum eine immer größere energetische Dichte entstand, die mir den Aufenthalt außerhalb der Tempel erschwerte. Gleichzeitig konnte ich beobachten, dass die sich im Inkarnationszyklus befindlichen Seelen der zunehmenden Dichte besser anpassen konnten.

Bei vielen schwand die natürliche Eleganz, und die Körper wurden plumper und schwerer. Da sie sich erinnerten, wer sie waren, fiel es ihnen nicht leicht, damit umzugehen, und sie entwickelten sich immer mehr zu Wechselwesen.

Da wir alle zu dem Zeitpunkt immer noch die Seele des jeweiligen Menschen sehen konnten, stellte es im Miteinander kein Problem dar, denn die Körperlichkeit hatte nicht den Wichtigkeitsgrad, sondern wurde als notwendige Maßnahme zum Verbleib und zur Erhaltung von Gaia angesehen.

Ich selbst ging den Weg der erneuten Inkarnation erheblich seltener, aber um die Zyklen verstehen und mitgehen zu können, ließ ich mich darauf ein.

Es war eine ständige Herausforderung zwischen Anpassung und Abgrenzung; andauernd standen Veränderungen und Erweiterungen an.

Neue Tempel wurden gebaut, Informationen von den Heimatplaneten geholt und Informationen und Erfahrungen von und mit Gaia weitergegeben.

Eigene Konflikte spielten zumindest bei den Priester/innen nicht so die Rolle, denn uns allen war klar, dass diese Zeit eine Umbruchzeit sein würde, aber für den gesamten Planetenverbund unglaubliche neue Erkenntnisse bereit hielt.

Für die Priester und Priesterinnen war es ein dauernder Lernprozess, wie weit sie sich der Dichte anpassen würden, und die Angst, die feinen Gaben zu verlieren, ging immer mit uns mit.

Wir arbeiteten in der Zeit Grundstrukturen der Seele heraus, die jeweils beim weiblichen und männlichen Geschlecht dieselben waren.

Mit diesen Grundstrukturen, die ich noch näher ausführen werde, begannen wir zu arbeiten, um die Seelen besser begleiten zu können.

Die Grundstrukturen der Seele waren uns damals sehr hilfreich; sie sind auch für euch heute noch anwendbar und können helfen, leichter mit den verschiedenen Selbsten und Aspekten in Einklang zu kommen.

Wir teilten die Seele in die drei Grundstrukturen: „Junges Mädchen, junger Mann, Frau/Mann als Mutter/Vater und die weise Alte, der weise Alte, die Großmutter, der Großvater."

Es sind die drei Aspekte der Großen Göttin, und diese unterteilten wir noch einmal in die innere Kriegerin, die innere Heilerin, die innere Lehrerin, die innere Priesterin. Das gleiche Konzept galt für Jungen und Mädchen.

Diese vier Grundtypen wendeten wir bei allem an und richteten darauf auch in der Erziehung der Kinder unsere Aufmerksamkeit.

Da wir unterschieden, dass Kinder erwachsene Seelen in noch nicht fertig entwickelten Körpern waren, gab es keine Einschränkung. Sie konnten durchaus nach ihren Möglichkeiten lehren, heilen, kämpfen und die Große Göttin manifestieren, die sich unserer Meinung nach in allem ausdrückte.

Kam eine neue Aspirantin zu uns, egal, welch irdisches Alter vorlag, prüften wir Herkunft und Alter der Seele, um uns ein Bild der Schülerin machen zu können. Es war wichtig, bei jeder Art von Entwicklung auf den Ansatz und die bereits vorhandenen Talente der Seele zu achten, damit keine Rückschritte stattfanden.

Allerdings hatten wir in den Tempeln nur den einen Ausschnitt aus Gaias Entwicklung, die inzwischen untrennbar mit der unsrigen verbunden war.

Hin und wieder hörten wir von beunruhigenden Ereignissen, die in dem sich ständig vergrößerndem Terrain stattfanden, und mit der Zeit wurden wir sehr achtsam, denn wir bemerkten eine energetische Veränderung bei eintreffenden Schülerinnen und Schülern.

Des Weiteren waren durch verschiedene Experimente auch Mischwesen entstanden, die der Integration bedurften, da wir ihre Wesensstruktur nicht gut kannten.

Genetische Eingriffe hatten stattgefunden, denen wir uns stellen mussten. Aus unserer Sicht waren diese für den geplanten Prozess auf und mit Gaia nicht von Vorteil, aber um nicht unnötige Grenzen zu ziehen und Auseinandersetzungen heraufzubeschwören, versuchten wir, friedliche Lösungen zu finden.

Immer stärker wurden auch wir in den Tempeln in den Prozess des Lebens und des Sterbens verwickelt, was viele von uns als ein Zurückwerfen in der Entwicklung empfanden.

Lady Gaia reagierte verstört, denn auch sie spürte, dass die Harmonie, die zwischen ihr und uns bestanden hatte, gestört wurde.

Wir fanden heraus, dass viele dieser Störungen von Atlantis ausgingen und unser Kontakt zu den Heimatplaneten von dort aus manches Mal unterbrochen oder gestört wurde.

Unsere Kristalle wurden stellenweise trübe, wir konnten es jedoch nicht beeinflussen, und uns wurde klar, dass starke Veränderungen stattfinden würden. Einige Priester und Priesterinnen gingen ganz bewusst und gezielt nach Atlantis, um herauszufinden, was sich dort abspielte.

Sie begannen, sich in andere Familien zu inkarnieren, immer mit der Hoffnung und dem Grundgedanken, dass sie dort Einfluss nehmen und helfen könnten, die Energie zu halten.

Darüber mussten sie immer mehr ihre Ratio ausprägen und bemerkten bei sich selbst, dass sie sich auch in ihrem Wesen veränderten, was sie sehr unglücklich werden ließ.

Die Verbindung zu unseren Tempeln wurde durch Kristalle aufrechterhalten. Die Informationen, die kamen, waren oft sehr traurig und verzweifelt.

Unsere Hoffnung, die Entwicklungen und Vorhaben auf Gaia ungestört und erfolgreich durchführen zu können, schwand immer mehr – ebenso wie unser Kontakt zu den jeweiligen Heimatplaneten.

Die Verbindungen wurden immer schlechter, sie waren durch kosmische Schwingungen gestört. Wir konnten oftmals nicht unterscheiden, was kosmische Schwingungen und was bewusste und gezielte Störungen waren.

Zwischendurch erhielten wir Informationen über starke Veränderungen durch eingetroffene fremde Rassen und auch durch Wesenheiten, die künstlich erschaffen worden waren.

Grenzen und Regeln mussten ständig geändert und neu angepasst werden; ich selbst vollzog mehrere Inkarnationen in dieser Entwicklung. Es ging immer weniger darum, Lady Gaia im Plantenverbund zu halten und die Kontakte aufrechtzuerhalten, von und mit ihr zu lernen und sie und uns zu entwickeln, sondern die Themen wurden immer kleiner und enger, und wir mussten uns immer stärker darauf konzentrieren, die feinen Energien zu halten und zu stabilisieren.

Die Auflagen des Karmischen Rates wurden unterlaufen, oder bewusst nicht beachtet. Wir in den Tempeln wurden immer trauriger, weil es uns nicht gelang, die hohen Energien zu halten.

Dafür hätten wir die Hilfe von anderen Planeten gebraucht, aber diese Kontakte wurden immer schwächer.

Irgendwann, wir hatten das Wissen, das wir noch bereit waren weiterzugeben, bereits erheblich reduziert, erfuhren wir, dass aufgrund der Entwicklung auf Gaia die anderen Planetenvölker sich distanzieren und die hochfrequenten Energien von Gaia abgezogen werden würden.

Das sollte so lange bleiben, bis der Karmische Rat einer erneuten Wiederaufnahme Gaias und ihrer Bewohner in den Planetenverbund zustimmen würde.

Wir wurden vor die Entscheidung gestellt, die jede nur

für sich alleine oder in Absprache mit ihren engsten Vertrauten treffen konnte.

Ich entschied mich, auf Gaia zu bleiben, denn ich war überzeugt, dass das Ganze nur eine Frage der Zeit sein könnte und diese Unruhen sich relativ zügig beruhigen würden. Diese Entscheidung fiel mir einerseits sehr schwer, da mir klar war, dass eine Urwunde der Heimatlosigkeit für alle Zeit, die nun auf mich zukam, tief in meiner Seele schlummern würde.

Andererseits hatte ich mich bereits an die bestehende Dichte durch den Inkarnationszyklus angepasst, soweit es mir möglich war.

Und ich wollte diesen wunderschönen Planeten nicht einfach verlassen, ich hätte mich dann als Verräterin gefühlt. Ich wusste, dass meine Aufgabe, als Vertreterin der Großen Göttin hier zu sein, für Gaia wichtig und lebenserhaltend war.

Auch viele Priesterinnen und Priester auf Atlantis entschieden so, es ging ihnen nicht anders als uns auf Lemuria.

Nachdem der Karmische Rat die feinen Licht- und Farbfrequenzen abzuziehen begann beziehungsweise die Zufuhr einzuschränken, war es unsere Aufgabe zu schauen und zu helfen, denn viele Pflanzen- und Tierarten konnten in der reinen Dichte nicht existieren.

Wir versuchten zu schützen und zu erhalten, was uns möglich war, wobei die Änderungen auch starke Auswirkungen auf uns hatten.

Mit Erstaunen stellten wir fest, dass auch viele unserer Mutanten die Änderung nicht überstanden und die Ereignisse wiederum bei den irdischen Räten Streit und Aggression auslösten.

Das Machtgefälle veränderte sich zusehends; wir spürten Gaias Unruhe und Angst und taten unser Möglichstes, um die Verbindung zu ihr stabil und heilend zu halten.

Und uns wurde klar, dass wir jetzt nicht nur in den Zyklus von Leben und Sterben eingegangen waren, sondern auch teilweise das Energiefeld von Gaia zwischen den Leben nicht mehr verlassen konnten.

Bei all der Sorge, jetzt hier auf Gaia in einer Art universellem Gefängnis zu sein, erhielten wir die Information, dass wir nicht allein gelassen worden waren und einige hoch entwickelte Wesen der Heimatplaneten die Verbindung zu uns aufrechterhalten konnten. Diese Verbindung konnte zwar nur mit hohem Aufwand und Energieaufbau für uns spürbar hergestellt werden, aber es funktionierte.

So blieb uns wenigstens dieser Trost, und Lemuria versank in den Wassern Gaias.

Lemuria war auf die hohen Frequenzen der Heimatplaneten angewiesen, auf die lichtvollen Ströme, die es von dort erreichten, und mit der Veränderung verschwand dann auch Lemuria.

Wir wussten, dass es an einem höheren Ort weiter existierte, doch für uns nur selten erreichbar war.

Wir hielten uns dort manchmal zwischen den Inkarnationen auf, um weiterzulernen und das lemurianische Wissen mit in die nächste Inkarnation auf Gaia nehmen zu können.

Die Verbindung zwischen den lemurianischen Seelen und Lemuria sowie von dort zu den jeweiligen Heimatplaneten blieb immer erhalten – ihr nennt das heute spirituelle Führung oder Intuition, je nachdem, aus welcher Perspektive ihr es betrachtet.

Das Gleiche gilt nicht nur für Lemurianer, sondern auch für die anderen Seelen auf Gaia.

Viele von uns verblieben eine Zeit auf Atlantis, einige Hohepriesterinnen und Hohepriester machten sich auf, Gaia weiter zu erkunden und zu versuchen, von anderen Orten aus die Verbindung wieder herstellen zu können.

Es entstanden die Bereiche, die ihr heute als sogenannte Hochkulturen bezeichnet. Ich selbst blieb nicht auf

Atlantis, sondern inkarnierte an verschiedenen Stätten der Erde.

Ich tat immer genau das, was seit Anbeginn der Zeit auf Gaia meine Aufgabe war: Ich lehrte und weihte Schülerinnen in die Kräfte der Großen Göttin ein.

Einweihungswege sind lange Wege, sie wurden in Ruhe und Abgeschiedenheit gegangen, um die Verbindung zwischen den irdischen und spirituellen Ebenen stabil entstehen zu lassen.

Dabei war und ist es immer wichtig, auf die jeweilige Veranlagung der Aspiranten einzugehen und sie zu beachten.

Durch die genetischen Vermischungen konnte niemand mehr klar sagen, welche Begabungen in einem Menschen waren, und die Arbeit mit den Energien war hier sehr hilfreich. Oftmals auch überraschend für die Einzelnen traten Begabungen zu Tage, mit denen sie selbst niemals gerechnet hätten. Diese Begabungen schlummerten in ihren genetischen Kodes und waren und sind im Unbewussten verborgen. Sie werden durch spirituelle Disziplinen an das Licht der Seele gehoben und geweckt.

Dann war und ist es wichtig, sie dort langsam hineinwachsen zu lassen und die Verknüpfung der Seele mit den körperlichen Gegebenheiten und Punkten herzustellen.

Das erforderte eine dauernde Achtsamkeit aller Beteiligten und geschützten Raum.

Über die eigene Seele kann dann oftmals wieder der Kontakt zu der eigenen Intuition, die das alte Wissen enthält, und zu der Herkunft geklärt werden.

Da die Verbindung zu einigen energetisch hochfrequenten Wesen der Heimatplaneten immer gehalten werden konnte, also auch heute noch existiert, ist es immer sinnvoll, dort um Hilfe zu bitten.

☆☆☆☆☆

Die heutige Zeit

Ich verbrachte die meiste Zeit in der Anderswelt in ihren verschiedenen Bereichen und Ebenen. Das Lernen hörte für mich nicht auf, und auch meine Entwicklung ging und geht immer weiter.

Von dort aus hütete ich das Wissen und die Geheimnisse der Göttin und verteilte ihre Kraft und Strahlen dorthin auf Gaia, wo sie gebraucht wurden.

In den Gesprächen und Lehrstunden mit den anderen Aufgestiegenen Meister/innen lernte ich viel über andere Zusammenhänge dazu, und mir war klar, dass die Göttin für eine Zeit nur tief in den Herzen einiger Frauen auf Gaia weiterlebte. Diese Frauen hüteten das alte Wissen, die Kräfte der Elemente und die Geheimnisse um diese Dinge.

Das Zusammenwirken zwischen den weiblichen Kräften auf Gaia passiert immer in der Resonanz zueinander. Wurde die Göttinnenkraft angerufen und herbeigesehnt, verstärkte ich den Strahl – manchmal stellte ich die Person, von der das Sehnen ausging, in die violette Flamme. Meistens während der Traumzeit, um nicht Verwirrung herbeizuführen, so dass die Betreffende es nicht bewusst wahrnahm.

Da auf Gaia eine Zeit der Einsamkeit für Frauen, Töchter und Schwestern angebrochen war, brauchte ich viele Helfer, um den Frauen diese Zeit des männlichen Gottes erträglich zu machen, sie zu halten und ihnen ein Gefühl der Geborgenheit und des Nicht-verlassen-Seins zu geben.

Oftmals registrierten diese Frauen nicht annähernd die Kraft, die für sie wirkte, aber sie konnten ihren Lebensweg gehen und ertragen, was sie sich aufgeladen hatten, um die jeweilige Inkarnation erfolgreich zu beenden.

Manchmal gingen auch die Feen zu diesen Frauen, manchmal auch zu Männern, die einen intensiven Kontakt zur Göttin pflegten. Das wurde dann als Erleuchtungserlebnis angesehen und die Feen oftmals mit Schutzengeln und Engeln verwechselt.

Die Feen sind an die Sphäre Gaias besser angepasst als Engel, sie haben genauso eine Hierarchie wie die Engel. Die Engelwesen sind die Verbindungswesen für die verschiedenen Dimensionen und Sphären außerhalb Gaias.

Beide, Feen und Engel, arbeiten Hand in Hand im göttlichen Schöpfungsplan, eine Trennung, wie ihr sie euch immer vorstellt, gibt es außerhalb eurer Ebene nicht. Es geht um die Erfüllung des Schöpfungsplans zum Wohle aller Beteiligten.

Und um die Hoffnung, dass Lemuria wiederkehren möge auf Gaia und die Geschöpfe, die hier inkarnieren, in Ruhe und Frieden, in Freude und Fülle miteinander leben und sein können.

☆☆☆☆☆

Weibliche Entwicklung

In dem Moment, in dem eine Seele sich entscheidet, als weiblicher Teil der Menschheit zu inkarnieren, erklärt sie sich bereit, alles was zu den weiblichen Zyklen gehört, zu erleben, zu tragen und zu halten.

In dem Augenblick entscheidet die Seele sich für ein enges Zusammenleben mit Gaia, also dazu, ein Teil von ihr zu werden: Ein menschlicher oder tierischer Teil der Erde. Es hängt davon ab, in welcher Form diese Seele inkarnieren möchte und welche Form für die eigene Entwicklung dieser Seele wichtig ist. Das ist nicht immer unbedingt eine tierische Inkarnation, aber manchmal einfach von Nöten. Auch in diesem Bereich ist es wichtig, Mitgefühl für die gesamte Schöpfung zu entwickeln, um dann in der Lage zu sein, Verantwortung für die Schöpfung zu übernehmen. Ist eine Seele noch nicht reif für die Verantwortung oder hat sie eindeutige Mängel im Mitgefühl aufgewiesen, ist es oftmals sinnvoll, eine Tierinkarnation zu erleben, um am „eigenen Leib" zu erleben, wie es ist, ein solches Geschöpf zu sein.

Natürlich gibt es auch hier große Unterschiede, denn manche Seele inkarniert in Tiergestalt, um damit wieder zu den Seelen kommen zu können, zu denen sie gehört oder mit denen sie noch etwas zu bereinigen hat. Der Lernprozess findet immer statt, egal, ob die Inkarnation als Tier oder als Mensch erlebt wird. Menschen haben eine andere Art der Intelligenz als Tiere. Welche besser und sinnvoller für die Schöpfung als Ganzes zu werten ist, wird der Karmische Rat entscheiden. Diese Entscheidung liegt sicher nicht in Menschenhand.

Inkarnationen als Mineralien oder Pflanzen sind als Teil-Inkarnationen des Gaia-Selbst zu bezeichnen, und gerade wegen der Verbundenheit der Seelen mit Gaia ist auch dort die Lernaufgabe für menschlich inkarnierte Seelen Mitgefühl und Achtsamkeit.

Eine Inkarnation im Weiblichen beinhaltet das Mittragen der körperlichen Erfahrungen der Frauen aller Zeit. Die Geschichte der Frauen schlägt sich hier eher im körperlichen Bereich nieder, und es genügt nicht, bei Schwierigkeiten mit dem weiblichen Körper lediglich in der eigenen Geschichte nach den Gründen dafür zu suchen.

Das beinhaltet gleichzeitig für alle Mädchen und Frauen die Möglichkeit, über die deutliche Sprache des Körpers an Verletzungen der Weiblichkeit in der gesamten Menschheitsgeschichte heranzukommen und diese zum Nutzen aller Mädchen und Frauen zu heilen, die folgen werden.

Für weiblich inkarnierte Seelen kann jede Inkarnation ein großer Schritt zur Heilung der gesamten Weiblichkeit, und somit zur Heilung von Gaia sein, wenn sie es nutzen lernen.

Wenn zyklisch das Blut den Körper verlässt, werden viele alte Verletzungen entlassen, und der Körper wird in seinen Selbstheilungskräften gestärkt. Diese Zyklen genau zu beachten, auf auftretende Schwierigkeiten und Hemmnisse zu achten und sich diesen zuzuwenden, ist Heilungsarbeit für die Weiblichkeit und Gaia.

Künstliche Steuerung dieser Zyklen führt zur Trennung von Körper und Seele, da die Seele ihren Auftrag kennt und ihn erfüllen möchte, denn sie weiß, warum sie als weiblich inkarniert ist. Aber auch hier ist immer auf die gesundheitlichen Bereiche zu achten. In erster Linie ist der Heilungsgedanke für den ganzen Menschen wichtig. Waren oder sind Eingriffe in die natürlichen Zyklen notwendig, können diese wunderbar durch entsprechende spirituelle Arbeit geheilt werden.

Der männliche Körper ist nicht annähernd so sensibel wie der weibliche, alte Inkarnationen und Verletzungen machen sich hier eher über die Psyche bemerkbar, über eigene Begrenzungen in den Denkstrukturen und den Handlungen. Nur in besonderen Fällen ist der männliche Körper mit dem Kollektiv verbunden oder mit den Bedürfnissen und Verletzungen Gaias. Diese Ausnahmen sind leicht zu identifizieren, zeichnen sie sich doch durch eine starke Liebesfähigkeit und Einfühlungsvermögen aus.

In diesen Fällen hat sich eine hoch entwickelte Seele ganz bewusst dafür entschieden, als männlich zu inkarnieren, um den männlichen Bereich mit den Themen zu bereichern, die dort eher seltener zu finden sind. Leider haben diese Seelen es oftmals aus menschlicher Sicht besonders schwer, da sie weder im weiblichen noch im männlichen Bereich eine klare Identifikation oder Anerkennung finden. Das führt dazu, dass sie sich dem sogenannten „Glück des eigenen Inneren" stärker zuwenden und im Laufe des Lebens lernen, dass ihr größtes Glück in ihnen wohnt.

Diese Seelen bauen eine Brücke zwischen den Geschlechtern und können auch anderen Männern helfen, leichter und liebevoller an ihre Gefühle zu kommen.

Auch im weiblichen Bereich gibt es diese „Grenzgänger", für die das Gleiche zutrifft.

Das Gaia-Selbst und das Seelen-Selbst werden durch die Kraft der Göttin miteinander verwoben und verbunden; Gaia und die Göttin sind eng miteinander verbunden, und die eine mag und kann nicht ohne die andere sein. Diese Verbindung zwischen der Gaia-Seele und der Göttin ermöglicht die Existenz menschlichen Lebens auf Gaia – nur dadurch konnten Seelen auf der Erde inkarnieren und wurden und werden von Gaia getragen, genährt und gehalten.

Es ist eine symbiotische Verbindung, die für das heutige menschliche Verständnis nicht erfassbar sein dürfte.

Versuche, die Venus als Schwester Gaias im Planetenverbund zu betrachten, denn die Göttin der Venus ist die Göttin Gaias.

Das Gaia-Selbst ist zu respektieren in seinen Eigenarten, die manchmal für menschliche Seelen schwer nachvollziehbar sind. Genau darin besteht die Lernaufgabe der Seele: Auch wenn sie etwas nicht versteht oder nachvollziehen kann, die Existenz dieser andersartigen Form trotzdem zu akzeptieren und manchmal auch lieben zu lernen.

Entfaltet eine Seele diese Liebe in ihrem Inneren, hat sie die bedingungslose Liebe entwickelt, ein großer Schritt für eine Seele, der sie auf eine erhabene Ebene hebt.

Diese Formulierung bedeutet nicht, dass diese Seele nun irgendwo anders hingeht, sondern sie wird als Vorbild und Träger hoher Energien auf Gaia bleiben, so lange ihr Lebensplan es vorsieht.

Stellt euch nicht vor, dass ihr lernt und euch entwickelt und dann nicht mehr auf Gaia zu inkarnieren braucht. So wie alles Menschliche und Tierische miteinander verbunden und verwoben ist, seid ihr auch mit Gaia verbunden und verwoben und werdet genau dort, wo ihr gerade seid, gebraucht. Hier habt ihr eure Themen zu lernen und zu bearbeiten.

Eine wunderbare Lernaufgabe auf Gaia ist die Überwindung des Todes. Was euch als endgültige Grenze erscheint, ist eine Einweihung der Seele. Natürlich schmerzt der persönliche Verlust. Doch die bedingungslose Liebe freut sich mit der Seele, die diese Einweihung erleben durfte. Sie lernt loszulassen und mehr anzuerkennen, als sie im Moment zu erfassen und nachzuvollziehen vermag.

Über den Umgang mit Leid hat Meister Buddha schon alles gesagt, was es dazu zu sagen gibt. Das, was der einzelnen Seele manchmal von außen betrachtet als Leiden erscheint, ist für die betroffene Seele nicht immer Leiden. Es ist oftmals die Erfahrung der Seele aus der Sehnsucht nach sich selbst, sie möchte diese Erfahrung machen, um sich selbst finden und erkennen zu können.

Geht nicht davon aus, dass Leiden ein natürlicher Bestandteil des Lebens ist, denn das ist nicht so. Leiden ist eine Kreation eures Bewusstseins, das nicht zwingend auf Gaia stattfinden sollte.

Bei eigenen starken Lernerfahrungen ist die beste Hilfe die absolute Wahrheitsliebe und schonungslose Offenheit, sich und das eigene Selbst anzuerkennen, in allen Facetten, auch wenn diese Anerkennung im Moment des Hinschauens wehtut. Es ist das Entwicklungsfördernste, was jede Seele für sich tun kann, denn nur durch die absolute Ehrlichkeit sich selbst gegenüber kommt sie an die zu bereinigenden Themen, an ihre Lern- und Daseinaufgabe.

Solange die Neigung zur Beschönigung und verdrehten Betrachtung des Selbst da ist, wird keine wirkliche Entwicklung möglich sein. Es wird immer nur eine scheinbare Entwicklung stattfinden, die aber keine wirkliche Befreiung der Seele ermöglicht. Es werden Rollen gespielt, die Themen werden projiziert, und das tiefe innere Selbst wird nicht berührt.

Somit wird das Gaia-Selbst sich weiterhin bemühen, der Seele auf ihrem Weg zu helfen, was – je nach Widerstand – immer schmerzhafter wird.

Das Leid deiner Seele wirkt sich auf Gaia nicht besonders aus, weswegen sie euch oftmals grausam und rücksichtslos erscheint.

Sie ist es nicht, hat sie selbst doch bereits vor langer Zeit die Themen überwunden, aufgrund derer ihr hier seid. Dem ungeachtet erfüllt sie einfach ihre Aufgabe im kosmischen Gefüge. Dies geschieht im Einvernehmen mit der Göttin, um für euren Reifeprozess und eure Erfahrungen zur Verfügung zu stehen, euch existieren und wirken zu lassen, damit ihr euch ausprobieren könnt.

Sie ist hier als eure Lehrerin, als Verbindung zur Göttin und zum gesamten Kosmos, auch zum Karmischen Rat. Sie lebt und wirkt im großen kosmischen Gefüge als Teil der Lebendigkeit der Planeten, der Asteroiden und Kometen.

Könntet ihr euer Universum von sehr weit außerhalb beobachten, würdet ihr ein vollständiges Wesen erkennen, das sich aus vielen einzelnen Wesen zusammensetzt, so wie euer Körper sich aus vielen Zellen zusammensetzt.

Stell dir vor, die gesamte Menschheit ist das große Menschheitsselbst, und jeder einzelne Mensch ist ein kleines Selbst in dem großen Selbst. So wie deine Leber sich aus vielen kleinen Leberselbsten, also den Leberzellen, zusammensetzt, ist auch das gesamte Gefüge der Menschheit zu verstehen.

Trifft eine Leberzelle versehentlich bei einer Niere ein, ist sie deplatziert, denn die Nierenzellen erkennen sie nicht an, sie wird entweder vernichtet oder zum Störfaktor. Die Leberzelle muss also die Leber finden, um sich zugehörig fühlen zu können und ihren Platz und Lebenssinn zu finden.

So verhält es sich mit dem einzelnen Selbst im großen Menschheits-Selbst. Das einzelne Selbst ist verknüpft mit seinem Bereich in der Entwicklung des großen Selbst. Die Seele des Einzelnen kommt erst dann zu Wohlgefühl und Harmonie, wenn sie ihren Platz an der zu ihr gehörigen Stelle im großen Menschheits-Selbst gefunden hat.

Dann erfüllt sie den Plan der jeweiligen Inkarnation. Sie fühlt sich ganz und zufrieden und lebt so ihr derzeitiges Leben. Ist das Leben beendet, geht die Seele ein in das kosmische Selbst, um sich auch dort ihren Platz im großen Ganzen zu suchen, ihre Aufgaben zu bemeistern und mit fortgeschrittener Entwicklung noch einmal oder mehrfach in das Menschheits-Selbst einzugehen. Sie inkarniert erneut.

Dieser Zyklus, umgesetzt auf euer Universum, wiederholt sich auch dort in immer weiteren und größeren Zusammenhängen – aus eurer Perspektive gesehen.

Zu dem Thema des Leidens ist uns klar, dass ihr nicht so ganz einfach die Entscheidung treffen könnt, nicht mehr zu leiden, denn die Erfahrungen sind nicht nur in eurer Seele, sondern auch in eurem Körper gespeichert. Hier ist die Zusammenarbeit mit Gaia besonders wichtig, hat sie doch energetisch verschiedene Bereiche, zu denen ihr euch begeben könnt, um auch den Körper von Leid und leidvollen Erfahrungen zu befreien. Je besser du deinen Körper spüren lernst, desto sicherer wirst du die verschiedenen Orte auf Gaia finden können. Dort ist es gut, über Rituale und Verbindung mit den Elementen dem Körper zu helfen, damit auch deine Zellen sich von leidvollen Erfahrungen befreien können.

Tochterzellen der befreiten Zellen werden dann verjüngt und kraftvoll entstehen, und das dazugehörige Organ kann sich regenerieren. Beachte dabei bitte, dass der Körper eigene Rhythmen und Zyklen hat.

Um die entsprechenden Bereiche von Gaia ausfindig zu machen, könnt ihr euch auf die Kraftplätze, Geomanten und Rutengänger beziehen, bis ihr selbst euren Körper wieder soweit kennt, dass ihr erspüren könnt, wo euer Körper Heilung findet und was ihm eher schadet. Das erfordert ein dauerndes Training der eigenen Sensibilität, wird aber dann mit der Zeit immer sicherer und deutlicher werden.

Auch ist die genaue Betrachtung der Auswirkungen der Elemente auf euren Körper wichtig, könnt ihr ihn doch mit den jeweiligen Elementen stärken oder schwächen. Die Kombination der Elementekräfte ist von Körper zu Körper verschieden – jemand mit viel Wasser sollte sich um Erde und Feuer bemühen, jemand mit viel Luft um Erde und Wasser, jemand mit viel Erde um Feuer und Luft und jemand mit viel Feuer um Erde und Wasser.

Bei der Arbeit mit den Elementen und ihren Hütern ist Achtsamkeit geboten, trägt doch auch jeder Hüter eine eigene Intention. Die Elemente sind keine seelenlosen Apparate, die nach Belieben und Laune benutzt und eingesetzt werden können. Den Schamaninnen und Schamanen unter euch, die mit den Kräften Gaias eine sorgsame und liebevolle Beziehung pflegen, werden die Feen helfen, diese Kräfte zu steuern und einzusetzen, zum Wohle Gaias und aller Beteiligten.

Wenn ihr also den Umgang damit erprobt, seid nicht voller Angst, denn auch diese führt zu Störungen und

Fehlreaktionen, sondern begegnet den Kräften mit dem dazugehörigen Respekt, aber vertraut auch auf die Hilfe der Feen.

Es kann durchaus sein, das du die Anwesenheit der Feen spürst, sie hörst oder gar siehst. Schrecke nicht zurück, sondern grüße ihre Anwesenheit, sie wissen mehr über die Kräfte Gaias, als ihr je wissen werdet und könnt.

Das große Mysterium ist Gaia selbst. Es in all seiner von der Göttin gegebenen Schönheit zu entdecken und zu lieben und dient der Erweckung der eigenen Seelenkräfte, die dann von allein beginnen werden, sich zu entfalten.

In einer harmonischen Symbiose zwischen Gaia und Menschen kann Heilung für beide entstehen.

Beginnt die Seele sich zu entfalten und auszudrücken, sich einzubringen in das Gaia-Selbst, spürst du das als starken Fluss der Energien. Durch die Stabilisierung deiner Aura, also deines eigenen Kraftfeldes, wird dein Körper immer mehr und mehr vom Licht der Seele durchdrungen. Die Schwingung der Zellen wird immer feiner und lichter. Unterschätze die Kräfte deiner Seele niemals, ist sie doch unsterblich und wandert durch Zeit und Raum, ohne diese groß zu beachten. Seelenanteile können energetisch so stark sein, das du das Gefühl hast, „unter Strom zu stehen".

Die Zellen deines Körpers sind normalerweise mit der Energie deiner Seele vertraut, hat sie doch den Körper geformt. Achte auf deinen Körper, ob er eine ankommende Energie freudig annimmt, oder ob er ablehnend reagiert.

Die Ablehnung des Körpers kann darauf hinweisen, dass entweder eine fremde Energie in deine Aura gekommen ist, oder ein Teil deiner Seele noch nicht angenommen werden kann. Frage deinen Körper, wenn du unsicher bist, und lerne, auf seine Antworten zu hören. Bleibe hierfür ganz bei dir selbst.

Durch die Zyklen der Zeit seid ihr zwar inkarniert, habt aber eure Seele bis auf ein Minimum außerhalb eures Zentrums gelassen. Viele bittere Erfahrungen haben euch gelehrt, dass es so besser sei, aber für wirkliche Heilungsarbeit ist die ganze Anwesenheit erforderlich.

Bei vollständiger Bereitschaft, im Hier und Jetzt zu sein, seid ihr nicht mehr so verletzlich und angreifbar. Ihr habt dann nicht nur den Schutz eurer eigenen Seele, sondern auch den Beistand des Gaia-Selbst. Es ist ein ganzheitlicher Prozess zum gegenseitigen Nutzen und Wohlergehen.

Hüter dieser Phasen sind grundsätzlich die Feen, oftmals schalten sich auch Engel ein und helfen bei den Transformationsphasen der Seele in das körperliche Sein.

Weiblichkeit

Die Weiblichkeit hat viele Ausdrucksformen, wie die Schöpfung selbst.

Es gibt kämpferische Weiblichkeit, schmusige, robuste, raue, zärtliche, und so weiter.

Weiblichkeit definiert sich durch die Kraft im Bauch, etwas zu erschaffen, entstehen zu lassen und ins Leben zu manifestieren. Etwas zu kreieren, ungebundener Energie eine sichtbare Form zu geben. Etwas zu materialisieren.

Gaia ist weiblich.

Diese Schöpferkraft ist in erster Linie im Bauch einer Frau verankert, wandert aber durch den ganzen Körper und kann in und aus allen Chakren genutzt werden. Für das weibliche Prinzip ist es wichtig, dass immer eine Harmonie mit dem Bauch besteht. Ist diese nicht vorhanden, entstehen sogenannte „Hirngespinste".

Die Weiblichkeit drückt sich bereits in dem neugeborenen Mädchen aus, sie ist durch das Weiblich-Sein an ihre Schöpferkraft angebunden. Bei einem Kind laufen diese Bereiche Bauch, Herz und Kopf in den ersten Jahren problemlos zusammen. Das Mädchen reagiert intuitiv auf Gegebenheiten und Vorkommnisse, die ihr begegnen.

In den ersten Jahren besteht eine instinktive Verbindung zu den Eltern, da diese die Versorger sind. Geschwister werden als Nahrungskonkurrenten wahrgenommen, das bezieht sich auf Nahrung auf allen Ebenen.

Zwischen den Kindern eines Paares gibt es keine tiefe Beziehung, die von vornherein angelegt wäre, es entsteht ein Rudelverhalten. Der intuitive Kampf um den besten Platz findet statt. Das ist besonders ausgeprägt, da viele Familien im Mangel leben und die weibliche Wesenheit intuitiv spürt, dass etwas nicht stimmt, denn Gaia kennt keinen Mangel.

So entstehen aus der weiblichen Perspektive tief sitzende Feindbilder Geschwistern und anderen Menschen gegenüber, die zu tiefen Störungen der Weiblichkeit führen. Die Seele, die mit dem Bewusstsein geboren wird, versorgt und genährt, gehalten und getragen zu werden, erfährt meistens genau das Gegenteil und entwickelt sich zur Einzelkämpferin mit vielleicht hoher Ideologie. Die Seele träumt von einer Verbundenheit mit anderen Seelen, was sie als Urwissen in sich verankert hat. Sie lernt dann aber misstrauisch zu sein, da von Beginn an die Ein- und Beschränkung gehalten wird.

Bereits von den Eltern, die die neugeborene Seele eigentlich mit Leichtigkeit und Freude empfangen sollten, wird von Anfang an der Hinweis gesetzt, es sei alles schwer und nicht lebbar.

Eine eher männlich betonte Seele nutzt diese Informationen, um eine Kampfenergie zu entwickeln, sich durchzusetzen und den eigenen Raum und die Fülle sicherzustellen. Sie bringt auch von vornherein die Kampfenergie mit, und alles weitere hängt von dem individuellen Lebensplan ab.

Eine eher weiblich betonte Seele fällt mit Beginn der Inkarnation in einen starken Zwiespalt, der in dieser Zeit das ganze Leben anhält. Tief in ihr ruht das Urwissen der Regeln Gaias, aber sie sieht sich mit einer anderen Realität konfrontiert. Auch ihr eigener Körper, der den Rhythmen Gaias angepasst ist, signalisiert ihr ständig etwas anderes, als sie tatsächlich vorfindet.

So entwickelt sie starke Abneigungen gegen alles und jeden, das und der von Anfang an eine Bedrohung der eigenen Ressourcen darstellt. Es entwickelt sich ein Spiel aus Strategien, da Geschwister oder andere Personen außerhalb der Elternposition auf vielen Wegen umgangen oder ausgeschaltet werden sollen.

Da der Seele ständig suggeriert wird, sie solle alle anderen Personen lieben oder ihnen zumindest freundlich gesonnen sein, findet eine starke Verdrängung statt, und es entwickelt sich ein Gefühl dafür, ungenügend zu sein, da die Erwartungen der Eltern und der Gesellschaft nicht erfüllt werden können.

Es entsteht eine Art Ur-Minderwertigkeitskomplex, der sich durch das ganze Leben zieht. Die Seele spürt sicher, dass sie den Ansprüchen der Eltern und auch anderer Autoritätspersonen nicht genügen kann und wird, da dieser Anspruch nicht mit ihrer Bestimmung übereinstimmt.

Als Folge dieser Entwicklung entsteht eine gestörte Wahrnehmung. Die Seele verlernt, klar wahrzunehmen, was ihr guttut und was nicht, was förderlich für ihren Lebensweg ist oder nicht. Sie verliert ihre Identität, tritt mit zunehmender Zeit immer mehr in den Hintergrund, und sichtbar existent ist lediglich ein manipuliertes Ego.

Ein ständiges Suchen und Sehnen breitet sich im Körper und im Geist aus, ein Sehnen nach Ganzheit und Erlösung. Dieses Sehnen bezieht sich auf die eigene Seele, auf das eigene Sein.

Die Seele ist Licht und frei von Zeit und Raum, und der innige Kontakt zur eigenen Seele führt zur absoluten Ganzheit.

Die Loslösung von der eigenen Seele ist gleichzusetzen mit der Loslösung vom göttlichen Prinzip, das ständige Verlustgefühl nagt an Körper und Geist. Die Seele ist dann lediglich über die sogenannte „Silberschnur“ mit Körper und Geist des Individuums verbunden.

Der Körper stellt sich auf die mangelhafte energetische Versorgung ein, versucht er doch, sich selbst und das Leben zu erhalten. Kehrt die Seele zurück in den Körper, wird für diesen wieder spür- und wahrnehmbar, fühlt es sich wie starke Stromstöße oder wie ein ständiger Fluss von Energien an.

Diese Rückkehr der Seele muss langsam erfolgen, in Abschnitten und Zyklen. Der Körper braucht Zeit, um die Zellen auf die starke Energetisierung durch die Seele einzustellen. Beachtet ihr die Zyklen der Zellerneuerung, könnt ihr die Rhythmen bestimmen und beachten. Die neu entstehenden Zellen passen sich dann immer mehr dem starken Energielevel der Seelenfrequenz an, strukturieren sich um, und für den Menschen findet ein wunderbarer Ganzwerdungsprozess statt.

Dieser braucht allerdings Zeit, am sinnvollsten ist immer die Beachtung eines Mondzyklus, also 28 Tage. In diesem Rhythmus kann gut spirituelle Arbeit gemacht werden, die zur Verankerung der Seele in Körper und Geist eines Menschen dient.

Das sind Einweihungen, Seelenrückholungen, Rückführungen, progressive Regressionstherapie, systemische Arbeit usw.

Dazwischen sind stabile Verhältnisse zu beachten, damit Körper und Geist ihr festes Alltagsgerüst haben und darüber die zurückgeholten und aktivierten Seelenanteile in das tatsächliche Geschehen integrieren können.

Wieder einsetzende Seelenerinnerungen, eine veränderte Wahrnehmung, eventuelle Aura- und Hellsichtigkeit können den Rhythmen von Körper und Geist angepasst werden, und die Integration dieser Lebensform kann im Bewusstsein des betreffenden Menschen verankert werden.

Stellt sich eine verfeinerte und erhöhte Wahrnehmung ein, braucht der Mensch Hilfe bei der Übung und dem Verstehen der ablaufenden Veränderungen. Da ist der Einsatz spiritueller Lehrer/innen gefragt.

☆☆☆☆☆

Arbeit mit den elementaren Grundstrukturen der Seele

Als Grundgerüst habt ihr in der alten Weisheit die Jungfrau, die Mutter und die weise Alte. Das ist genauso auf das Männliche umsetzbar, ich lege aber Wert darauf, es hier in weiblicher Form auszudrücken, da es in dieser Zeit um die Rückkehr der weiblichen Aspekte geht.

Männliche Leser mögen es sich für das Männliche uminterpretieren, damit erhalten sie ein Training für etwas, was die Frauen jetzt schon seit Jahrhunderten mitmachen mussten.

Ich sehe es so, dass das Uminterpretieren lediglich das Einfühlungsvermögen der Geschlechter untereinander stärken und trainieren kann, was wichtig für ein sinnvolles Gestalten der alltäglichen Wirklichkeit ist.

Gehen wir also weiter mit den Grundstrukturen der Seele, denn genau um diese geht es hier.

Zu dem Jungfrauen-Aspekt gehört die Heilerin, die Lehrerin, die Priesterin und die Kriegerin.

Diese vier Grundaspekte des Archetypus finden sich bei allen drei Archetypen wieder.

So enthält der Mutteraspekt eine Heilerin, eine Priesterin, eine Lehrerin und eine Kriegerin. Des Weiteren enthält sie eine jungfräuliche Lehrerin, Priesterin, Heilerin und Kriegerin.

Und so enthält die weise Alte eine Lehrerin, eine Priesterin, eine Heilerin und eine Kriegerin. Und... sie enthält weiter eine jungfräuliche Heilerin, eine mütterliche Heilerin; eine jungfräuliche Lehrerin, eine mütterliche Lehrerin; eine jungfräuliche Priesterin, eine mütterliche Priesterin; eine jungfräuliche Kriegerin und eine mütterliche Kriegerin.

Mit zunehmendem Alter steigt somit der Level der Erfahrung und auch das Potenzial, wenn es voll aufgeschöpft wird und eine stabile Ganzheit besteht.

So habt ihr es bei einer Frau nach dem Wechsel mit einem vollkommenen Ausdruck der Göttinnen-Kraft zu tun – ein volles, schier unerschöpfliches Gefäß an Wissen und Handlungsbereitschaft. Das Symbol für den Kessel.

Wichtig ist, auf dem spirituellen Weg zur Göttin zu beachten, welche Aspekte nicht ausgeprägt wurden oder werden durften, welche Aspekte blockiert oder gehemmt sind. Das kannst du erst einmal mit meiner Hilfe herausarbeiten und dann beginnen zu heilen.

☆☆☆☆☆

Die Kriegerin

Erinnere dich an die Kriegerin in allen drei Aspekten; wie hat diese gekämpft, wie ist sie für Dinge eingetreten, die ihr wichtig waren, wie hat sie taktiert und gelernt?

Bei allen von euch ist da ein großer Mangel entstanden aus den Gründen der Urwunde, die ich vorher beschrieben habe.

Die Durchsetzungskraft der Kriegerin wurde bereits durch die manipulative Botschaft hinsichtlich der Schöpfung geschwächt. Ihr wurde beigebracht, dass sie ihre eigenen Wünsche und Bedürfnisse nicht leben dürfe und mehr. Die Kriegerin hat normalerweise einen untrüglichen Instinkt für das, was ihr guttut. Deswegen ist das Herausarbeiten ihrer Kräfte für alle Frauen heute unabdingbar.

Auf diesem Weg lernen Frauen ihre Kriegerin kennen und lieben und lernen, sich wieder selbst zu vertrauen, auszusprechen, was sie fühlen, und entsprechend zu handeln. Sie werden lernen, sich mit Schwestern konstruktiv auseinanderzusetzen und klar und offen mit ihrer Kriegerin umzugehen.

Normalerweise entsteht nach einer konstruktiven Auseinandersetzung das gesunde Gefühl der inneren Zufriedenheit als Signal dafür, dass alles gut und richtig war und ist, wie es ist.

Keine subversive Kraft ist in der Lage, den Schild der Kriegerin zu durchbrechen, keine manipulative Kraft wird es schaffen, die Kriegerin von ihrem Weg abzubringen und sich täuschen zu lassen.

Klare Frauen kennen die uralten Regeln und leben danach, sie brauchen nicht andere Menschen und Dinge, um für sich das Selbstwertgefühl zu haben, das ihnen natürlicherweise zusteht. Sie setzen ihre Erotik nur ein, um den Mann, den sie lieben, zu erfreuen, und somit sich selbst. Sie übertreten keine ethischen Grenzen und sind ausgestattet mit Einfühlungsvermögen, Taktgefühl und meistens zusätzlich mit Hellsichtigkeit oder anderen spirituellen Talenten. Sie spüren die Zyklen der Erde, Energiefelder, Krankheiten, Diskrepanzen und alles, was um sie herum geschieht.

Sie sind im stabilen Zustand immer mit den Zyklen Gaias verbunden.

Die Kriegerin in dir weiß, was gut und wichtig für dich ist, und hat klare Ziele.

Damit du sie kennen lernst, folgt jetzt eine Meditation, die du dir auf Band sprechen kannst oder deren Inhalt du dir vielleicht einprägen magst. Fällt dir beides schwer, bitte eine Freundin, sie dir vorzulesen.

Meditation für die innere Kriegerin

Mache es dir gemütlich, genauso, wie du dich wohlfühlst. Lege eine schöne Meditationsmusik ein und zünde eine Kerze an. Suche dir einen Platz, an dem du dich entspannen und wohlfühlen kannst.

Lass dich tiefer und tiefer in die Entspannung gleiten und vor deinem inneren Auge das Bild einer schönen Landschaft entstehen. Eine Landschaft, in der alles so ist, wie du es magst. Sollte es nicht so sein, richte es dir entsprechend ein. Es ist deine innere Landschaft, und du hast jede Möglichkeit, sie dir angenehm zu gestalten.

Es kann auch sein, dass eine Fee oder ein Engel dort erscheint, vielleicht auch eine Verbündete, für den Fall, dass du es gewohnt bist, schamanisch zu arbeiten.

Genieße eine Weile deine wunderschöne innere Landschaft, entspanne dich dort und fühle dich einfach wohl.

Nun erscheint in deiner inneren Landschaft eine kraftvolle, strahlende Göttin. Freundlich, offen und klar tritt sie auf dich zu.

Begrüße diese kraftvolle Göttin und sprich mit ihr, wenn du den Wunsch dazu hast.

Wenn du es für die richtige Zeit hältst, bitte die kraftvolle Göttin, dich zu deiner inneren Kriegerin zu führen, zu der inneren Kriegerin, die dir hilft, dich freud- und kraftvoll zu entfalten und dein Leben in Freude und Schönheit zu gestalten, und die dich in deinem Leben genau jetzt am meisten bereichert mit ihren Gaben und Fähigkeiten… Begib dich mit der Göttin auf den Weg, sie wird bei dir sein, dich schützen und halten.

Wenn du bei deiner inneren Kriegerin ankommst, schau einfach, wie du sie wahrnimmst, wie sie auf dich reagiert, wie das Umfeld aussieht.

Präge dir alles gut ein, denn es hilft dir zu verstehen, wie die Zeit für deine innere Kriegerin wohl ausgesehen haben mag, und dafür, wie es ihr geht.

Lade deine innere Kriegerin ein, mit in deine innere Landschaft zu kommen.

Die kraftvolle Göttin wird dich weiterhin begleiten, und gemeinsam geht ihr zurück in deine wunderschöne innere Landschaft. Nimm die Kriegerin an die Hand, wenn du magst, und zeige ihr deine innere Landschaft. Heiße sie dort herzlich willkommen und sei voller Freude über ihre Heimkehr.

Frage sie, was du sie gerne fragen möchtest. Tausche dich mit ihr aus und nimm wahr, wie sie auf dich und deine

Landschaft reagiert. Bleibe in Liebe bei ihr und lass sie auf dich wirken.

Wie sind ihre Reaktionen?

Ist sie vielleicht ärgerlich, weil sie sich vernachlässigt gefühlt hat?

Hat sie Angst vor irgendetwas, oder weiß sie vielleicht gar nicht, was sie noch bei dir soll?

Bitte die kraftvolle Göttin um Hilfe, damit zwischen dir und deiner inneren Kriegerin in der nächsten Zeit ein harmonisches Verhältnis entstehen kann.

Verabschiede dich für heute von deiner inneren Kriegerin und der kraftvollen Göttin, sie werden dort in deiner inneren Landschaft bleiben.

Jederzeit kannst du wieder dorthin gehen und dich in Liebe und Freude weiter mit deiner inneren Kriegerin anfreunden.

Kehre langsam und sanft zurück aus deiner inneren Landschaft in die alltägliche Wirklichkeit, atme dreimal tief ein und aus und spüre tief in deinen Körper hinein.

Recke und strecke dich und öffne langsam die Augen.

Schreibe das Erlebte auf, mache dir Notizen und erfreue dich an der Wiederentdeckung deiner inneren Kriegerin.

Die Priesterin

Diese beherrscht das spirituelle Sehen, Weitsicht und Voraussicht.

Sie hat über ihr Drittes Auge die Möglichkeit, die Aura anderer Wesen, frühere Leben und karmische Verstrickungen zu sehen.

Oftmals war es für die kindliche Priesterin nicht gut zu sein, wie sie ist, und sie hat früh gelernt, ihrer Wahrnehmung nicht vertrauen zu dürfen. Als Kind ahnte sie nicht, dass sie Fähigkeiten hatte, die andere Menschen nicht hatten, wodurch sich das Gefühl in ihr festigte, dies sei falsch. Sie hat bereits im Mutterleib die Anpassung an die allgemeinen Regeln mitbekommen und kann es in der Kindheit nicht schaffen, ihre Begabung bis in das Erwachsenenalter zu retten.

Das Loslassen oder Verschließen dieser Begabung führt zu einer starken Abgespaltenheit vom Selbst, zu tiefer Trauer und Verzweiflung. Der Satz: „Ich darf nicht sein, wer ich bin“, gräbt sich tief in den Geist des Kindes und steht dann dort wie eine Mauer. Als Erwachsener diese Mauer zu durchdringen ist ausgesprochen schwer, und die meisten Priesterinnen behalten lieber die sichere Mauer bei und lernen, die Trauer auszuhalten, weil sie glauben, dass Trauer ein normales Gefühl des Lebens sei.

Das ist nicht so: Leben ist Freude, Trauer hat ihren Platz im Leben nur bei einem konkreten Anlass.

Eine Frau, die ihre kindliche Priesterin aktiviert, wird wieder über die Aura- und Hellsichtigkeit verfügen. Sie wird lernen, diese Gabe als ein freudiges Geschenk der Schöpfung anzunehmen und zum Nutzen der Schöpfung einzusetzen. Sie kann mit dieser Begabung sehr viel Heilung und Harmonie herstellen, zum Wohle aller Beteiligten an der Schöpfung.

Eine Priesterin ist immer Priesterin, egal, wo sie geht und steht, diese Tätigkeit wird sie begleiten. Sie darf sie jederzeit zu ihrem Vorteil einsetzen, nur niemals zum Schaden der Schöpfung. Immer wird sie in sich selbst prüfen müssen, was sie sieht, wie sie damit umgeht und wie sie es ertragen kann. Sie muss lernen, sich von den inneren Bildern zu distanzieren und diese nicht in ihr Inneres dringen lassen, denn es sind wahrhaftig nicht immer schöne Dinge, die sie sieht.

Vieles, was sie wahrnimmt, wird sie in sich verschließen. Sie kann aber auch ganz klar die Bitte äußern, dass die Bilder erst erscheinen, wenn sie es möchte.

So kann sie sich in die Welt hinausbegeben und sagen, das sie das Dritte Auge verschlossen lassen möchte. Das wird dann genauso stattfinden.

Allerdings muss sie damit rechnen, dass die innere Schau beginnt, sowie ein entsprechender Impuls entsteht.

Erlebt sie während ihres vergnüglichen Aufenthaltes etwas Dramatisches und ist ihre Hilfe erforderlich, wird das Dritte Auge sich automatisch öffnen.

Die Priesterin hat immer eine starke Verbindung zur Erde, denn diese wird sie nähren und tragen. Ihre Anwesenheit ist für die Erde genauso wichtig, wie die Erde für die Priesterin. Eine Priesterin kann für nichts anderes stehen als für die Erde und die Kräfte, die die Erde zur Verfügung stellt, die sie halten und zu dem wunderschönen Platz im Universum haben werden lassen, der sie ist.

Einer ausgereiften Priesterin wird die Erde alles zur Verfügung stellen, was sie braucht. Sie wird die Liebe und das Leiden der Erde spüren, wird sehen, wo Heilung nötig ist und dort handeln. Für sie wird gesorgt sein, manchmal auf ganz ungewöhnlichen Wegen. Die Priesterin benutzt ihren Körper wie einen Seismographen – sie erspürt damit das Befinden der Erde dort, wo sie gerade steht. Sie hat ihre Sinne aktiviert für Frequenzen aller Art, die unmittelbar mit der Schöpfung zu tun haben und für diese wichtig sind.

Dabei kann es durchaus geschehen, dass sie Dinge im zwischenmenschlichen Bereich nicht erfasst oder versteht. Trifft sie auf solche Themen bei ihren Mitmenschen, sollte sie auch darauf verzichten, verstehen zu wollen, denn damit würde sie lediglich unnötige Kraft verschwenden und binden, die sie für ihre Tätigkeit braucht.

Wenn sie ihre Begabungen entwickelt hat, wird sie in sich eine große Ruhe und Zufriedenheit spüren und genauso ihrer Wege gehen, die ihr von der Erde aufgezeigt werden.

Das Gehen und Sein der Priesterin ist heute wichtiger denn je, denn nicht nur die Erde, sondern das ganze Universum steht am Scheideweg durch die Zerstörung der Umwelt der Erde.

Die Erde hat alles aus Liebe gegeben. Die Hauptaufgabe der Priesterin ist das Sehen und Erhalten. Durch ihre differenzierte Wahrnehmungsfähigkeit weiß sie, was an den verschiedenen Stellen der Erde los ist, und spürt den Schmerz der Erde. Das befähigt sie zu lehren und ihre Wahrnehmung mit den anderen Menschen zu teilen, die ebenfalls zur Erhaltung der Erde inkarniert sind.

Bei der Erhaltung der Erde meine ich nicht die Erde als schlichten Planeten, sondern die Erde als Wunder der Schöpfung, mit all ihren Geschöpfen und ihrer ganz eigenen Ordnung, die zur Erhaltung des gesamten Universums geführt hat.

Durch das Lehren und Sprechen können andere Seelen ihre innere Priesterin wiederfinden und ausprägen. Die Erde erspürt jede Einzelne von ihnen, und das Wissen um die Anwesenheit trägt zu ihrer Freude bei, und somit auch zu ihrer Heilung.

Die Anwesenheit der Priesterinnenkräfte stärkt weiterhin die Verbindungen zu den anderen Ebenen, da diese durch diese Kräfte miteinander verbunden und gehalten werden.

Die entwickelte Priesterin ist in der Lage, sich mit den Lichtkräften in Verbindung zu setzen, diese Verbindung herzustellen und zu halten, zum Wohle anderer Menschen, Tiere, Pflanzen und der gesamten Schöpfung.

Dadurch können die feineren Energien in die Wesen geleitet werden, die sie benötigen, und die Energien werden angehoben. Auch ist es möglich, dadurch Verknüpfungen zwischen den Ebenen herzustellen, um Orte oder Geschöpfe an die höheren Energien anzuschließen und sie zugänglich zu machen.

Lernen die entwickelten Priesterinnen diese Tätigkeit wieder, kann die Frequenz der gesamten Schöpfung angehoben und stabiler energetisiert werden.

Die Lichtwesen haben sehr viel Freude daran, wieder verbunden zu werden und freuen sich an den Tätigkeiten der Priesterinnen. Es bedeutet auch für sie, wieder das tun zu können, was eigentlich ihre Aufgabe ist.

Meditation für die innere Priesterin

Mache es dir gemütlich, genauso, wie du dich wohlfühlst. Lege eine schöne Meditationsmusik ein und zünde eine Kerze an. Suche dir einen Platz, an dem du dich entspannen und wohlfühlen kannst.

Lass dich tiefer und tiefer in die Entspannung gleiten und vor deinem inneren Auge das Bild einer schönen Landschaft entstehen. Eine Landschaft, in der alles so ist, wie du es magst. Sollte es nicht so sein, richte es dir entsprechend ein. Es ist deine innere Landschaft, und du hast jede Möglichkeit, sie dir angenehm zu gestalten.

Es kann auch sein, dass eine Fee oder ein Engel dort erscheint, vielleicht auch eine Verbündete, falls du schamanisch arbeitest.

Genieße eine Weile deine wunderschöne innere Landschaft, entspanne dich dort und fühle dich einfach wohl.

Nun erscheint in deiner inneren Landschaft eine sanfte, wunderschöne Göttin. Liebevoll und warm tritt sie auf dich zu.

Begrüße diese kraftvolle Göttin und sprich mit ihr, wenn du den Wunsch dazu hast.

Wenn die Zeit für dich richtig ist, bitte die sanfte Göttin, dich zu deiner inneren Priesterin zu führen, zu der inneren Priesterin, die dir hilft, in Frieden und Liebe mit deinem Leben zu sein: Altes in Liebe abschließen und Neues in Liebe beginnen zu können, dein Leben in Freude und Schönheit zu gestalten.

Die Priesterin, die dich in deinem Leben genau jetzt am meisten bereichert mit ihren Gaben und Fähigkeiten.

Mache dich mit der sanften Göttin auf den Weg, sie wird bei dir sein, dich schützen und halten.

Wenn du bei deiner inneren Priesterin ankommst, schau einfach, wie du sie wahrnimmst, wie sie auf dich reagiert, wie das Umfeld aussieht.

Präge dir alles gut ein, denn es hilft dir zu verstehen, wie die Zeit für deine innere Priesterin wohl ausgesehen haben mag und wie es ihr geht.

Lade deine innere Priesterin ein, mit in deine innere Landschaft zu kommen. Die sanfte Göttin wird euch weiterhin begleiten, und gemeinsam geht ihr zurück in deine wunderschöne, innere Landschaft.

Nimm die Priesterin an die Hand, wenn du magst, und zeige ihr deine innere Landschaft. Heiße sie dort herzlich willkommen und sei voller Freude über ihre Heimkehr. Lass sie auch mit der inneren Kriegerin vertraut werden, die sicherlich dort bereits wartet, und erlaube der inneren Priesterin, ihren Sanftmut und ihre Liebe in deine innere Landschaft fließen zu lassen.

Frage sie, was du sie gerne fragen möchtest. Tausche dich mit ihr aus und nimm wahr, wie sie auf dich und deine Landschaft reagiert. Bleibe in Liebe bei ihr und lass sie auf dich wirken.

☆☆

Wie sind ihre Reaktionen?

Ist sie vielleicht ärgerlich oder verstört, weil sie sich vernachlässigt gefühlt hat?

Hat sie Angst vor irgendetwas, oder weiß sie vielleicht gar nicht, was sie noch bei dir soll?

Bitte die sanftmütige Göttin um Hilfe, damit zwischen dir und deiner inneren Priesterin in der nächsten Zeit ein harmonisches Verhältnis entstehen kann.

Verabschiede dich für heute von deiner inneren Priesterin und deiner inneren Kriegerin und der sanftmütigen, liebevollen Göttin. Sie werden dort in deiner inneren Landschaft bleiben. Jederzeit kannst du wieder dorthin gehen und dich in Liebe und Freude weiter mit deiner inneren Priesterin und inneren Kriegerin anfreunden.

Kehre langsam und sanft zurück aus deiner inneren Landschaft in die alltägliche Wirklichkeit, atme dreimal tief ein und aus und spüre tief in deinen Körper hinein.

Recke und strecke dich und öffne langsam die Augen.

Schreibe das Erlebte auf, mache dir Notizen und erfreue dich an der Wiederentdeckung deiner inneren Priesterin.

Besuche die Priesterin und die Kriegerin regelmäßig, und es wird sich ein liebevoller, harmonischer Kontakt zwischen ihnen und zu dir einstellen.

☆☆☆☆☆

Die Heilerin

Die Heilerin in jeder von euch ist in der Lage, durch die äußeren Hüllen zu schauen und innere Prozesse wahrzunehmen. Das bezieht sich oftmals auf die körperlichen Bereiche. Ihr würdet das vielleicht mit einem Röntgengerät vergleichen.

Sie geht mit ihren Händen über einen Körper und erhält auf ihrer inneren Leinwand Bilder, die ihr zeigen, wo Störungen vorliegen. Diese Bilder können unterschiedlich aussehen, denn die Sichtweise hängt immer von derjenigen ab, die sieht. Deswegen ist es wichtig, wie auch bei allen anderen Grundstrukturen, diese Fähigkeit für sich selbst genau zu studieren, zum Wohle aller, die die Heilerin aufsuchen.

Sie hat dann die Möglichkeit, Heilenergien aus ihren bevorzugten Ebenen in dieses Störungsfeld zu leiten. Das wird sie im Normalfall über ihre Hände tun – macht sie Erdheilungsarbeit, kann sie ihren gesamten Körper als Arbeitsfeld einsetzen und Energien durch den Körper in die Erde einfließen lassen.

Dabei erspürt sie oftmals den Herzschlag der Erde, genauso, wie sie bei Tieren oder Menschen deren Herzschlag erspüren kann.

Erspürt sie mit ihren Füßen ein Störfeld der Erde, kann sie ihre Arme nach oben heben und um Hilfe bitten. Die

Heilenergien werden dann durch die geöffneten Hände in ihren Körper einfließen und durch die Fußchakren in die Erde strömen.

Da hierbei der ganze Körper mit Heilenergien aufgeladen wird, dehnt sich auch die Aura der Heilerin aus, und es kann sein, dass Fluginsekten usw. plötzlich ihre Nähe suchen. Davon sollte sie sich nicht irritieren lassen.

Am tierischen oder menschlichen Körper wird sie ihre Hände als Sendeorgane einsetzen und sehen und erspüren, wo sich dort die Störfelder befinden. Bittet sie dann um Heilenergien, werden diese durch ihr Kronenchakra einfließen und von dort durch ihre Hände in den anderen Körper gelangen. Allerdings kann sie auch ihre Vorderchakren öffnen und dort die Energien zusätzlich ausströmen lassen.

Die Heilerin sollte diese Begabung trainieren, denn vermutlich hat sie sie während ihrer Kindheit verloren. Wie alle Menschen hat sie gelernt, sich auf die Schulmedizin zu verlassen, und erst langsam entwickelt sich in diesen Bereichen ein Zusammenspiel.

Viele Menschen wissen einfach nicht mehr, dass sie selbst sehr viel tun können und eine innere Bereitschaft zum Heilen für einen ständigen Energiefluss sorgt, der ihnen und der gesamten Schöpfung zugute kommt.

Der Körper ist darauf ausgerichtet, Energien aufzunehmen und weiterzugeben. Damit wird auch der eigene

Körper in einem ständigen Lebensfluss gehalten.

Natürlich ist darauf zu achten, welche Energien aufgenommen und weitergegeben werden, und eine dauerhafte Verbindung zu den lichtvollen Heilkräften wird mit der Zeit zu einer ständigen Reinigung und Transformation des eigenen Körpers führen. Die Wiedererweckung der Heilerin erfordert Schulung und ständige Achtsamkeit.

Die kindliche Heilerin ist oftmals sehr belastet durch eine tiefe Traurigkeit, denn das Urwissen um heilerische Zusammenhänge und die Wahrnehmung der heutigen Realität sowie die Reduzierung der menschlichen Fähigkeiten auf ein Lebensminimum haben für diese tiefe Verletzung gesorgt.

So wird sie es auf ihrem Weg immer wieder erleben, dass sie Heilungsarbeit macht und vielleicht dabei weint, oder danach Tage der Ruhe und der Traurigkeit verbringt.

Sie tut gut daran, das so zuzulassen, denn in dem Zusammenwirken mit der Seele setzen starke Selbstheilungskräfte ein, die auch dafür sorgen, dass alte Erlebnisstrukturen aus ihren Zellen gespült werden, kurz ihr Bewusstsein erreichen und dann gehen können.

Sie sollte viel Achtung und Geduld mit sich selbst haben und gut für sich und ihren Körper sorgen.

Die Heilerin, die beginnt ihre Fähigkeiten zu entfalten, sollte sich intensiv mit ihrem Inneren Kind verbinden, denn sie wird von dort die besten Hinweise erhalten. Auch ist die kindliche Kriegerin oder die Kriegerin, die derzeit wahrnehmbar ist, eine gute Helferin für sie, da diese ihr oftmals die nötige Kraft gibt, aus der Trauer und dem Mitgefühl den Weg an das Licht wiederzufinden und nicht in dem Elend, dem sie begegnet, steckenzubleiben. Ebenso kann die innere Priesterin bei der Heilungsarbeit intensive Hilfestellungen leisten, da sie über die nötige Weitsicht verfügt.

☆☆☆

Meditation für die innere Heilerin

Mache es dir gemütlich, genauso, wie du dich wohlfühlst. Lege eine schöne Meditationsmusik ein und zünde eine Kerze an. Suche dir einen Platz, an dem du dich entspannen und wohlfühlen kannst.

Lass dich tiefer und tiefer in die Entspannung gleiten und vor deinem inneren Auge das Bild einer schönen Landschaft entstehen. Eine Landschaft, in der alles so ist, wie du es magst. Sollte es nicht so sein, richte es dir entsprechend ein. Es ist deine innere Landschaft, und du hast jede Möglichkeit, sie dir angenehm zu gestalten.

Es kann auch sein, dass eine Fee oder ein Engel dort erscheint, vielleicht auch eine Verbündete, falls du schamanisch arbeitest.

Genieße eine Weile deine wunderschöne innere Landschaft, entspanne dich dort und fühle dich einfach wohl.

Nun erscheint in deiner inneren Landschaft eine präsente, starke Göttin. Klar und würdevoll tritt sie auf dich zu.

Begrüße diese würdevolle Göttin und sprich mit ihr, wenn du den Wunsch dazu hast.

Wenn die Zeit für dich richtig ist, bitte die Göttin, dich zu deiner inneren Heilerin zu führen, zu der inneren Heilerin, die dir hilft, in Frieden und Liebe mit deinem Leben zu sein: Altes in Liebe abschließen und Neues in Liebe beginnen zu können, dein Leben in Freude und Schönheit zu gestalten und alte Wunden heilen zu lassen.

Die Heilerin, die dich in deinem Leben genau jetzt am meisten bereichert mit ihren Gaben und Fähigkeiten.

Mache dich mit der würdevollen Göttin auf den Weg, sie wird bei dir sein, dich schützen und halten.

Wenn du bei deiner inneren Heilerin ankommst, schau einfach, wie du sie wahrnimmst, wie sie auf dich reagiert, wie das Umfeld aussieht.

Präge dir alles gut ein, denn es hilft dir zu verstehen, wie die Zeit für deine innere Heilerin wohl ausgesehen haben mag und wie es ihr geht.

Lade deine innere Heilerin ein, mit in deine innere Landschaft zu kommen. Die würdevolle Göttin wird euch weiterhin begleiten, und gemeinsam geht ihr zurück in deine wunderschöne, innere Landschaft.

Nimm die Heilerin an die Hand, wenn du magst, und zeige ihr deine innere Landschaft. Heiße sie dort herzlich willkommen und sei voller Freude über ihre Heimkehr. Lass sie auch mit der inneren Kriegerin vertraut werden und mit der inneren Priesterin, die sicherlich dort bereits warten, und erlaube der inneren Heilerin, ihre Heilkraft und Würde in deine innere Landschaft fließen zu lassen.

Frage sie, was du sie gerne fragen möchtest. Tausche dich mit ihr aus und nimm wahr, wie sie auf dich und deine Landschaft reagiert.

Nimm wahr, wie die innere Kriegerin, die innere Priesterin und die innere Heilerin miteinander sind. Sicher kannst du ihnen helfen, miteinander vertraut zu werden. Bleibe in Liebe bei ihnen und werde mit deiner inneren Heilerin vertraut und lass sie auf dich wirken.

☆☆

Wie sind ihre Reaktionen?
Ist sie vielleicht ärgerlich oder verstört, weil sie sich vernachlässigt gefühlt hat?
Hat sie Angst vor irgendetwas, oder weiß sie vielleicht gar nicht, was sie noch bei dir soll?

Bitte die Göttin um Hilfe, damit zwischen dir und deiner inneren Heilerin in der nächsten Zeit ein harmonisches Verhältnis entstehen kann.

Verabschiede dich für heute von deiner inneren Priesterin, deiner inneren Kriegerin und von der inneren Heilerin und auch von der würdevollen Göttin. Sie werden dort in deiner inneren Landschaft bleiben. Jederzeit kannst du wieder dorthin gehen und dich in Liebe und Freude weiter mit deiner inneren Priesterin, inneren Kriegerin und inneren Heilerin anfreunden.

☆☆

Kehre langsam und sanft zurück aus deiner inneren Landschaft in die alltägliche Wirklichkeit, atme dreimal tief ein und aus und spüre tief in deinen Körper hinein.

Recke und strecke dich und öffne langsam die Augen.

Schreibe das Erlebte auf, mache dir Notizen und erfreue dich an der Wiederentdeckung deiner inneren Heilerin.

Besuche die Heilerin, die Priesterin und die Kriegerin regelmäßig, und es wird sich ein liebevoller, harmonischer Kontakt zwischen ihnen und zu dir einstellen.

☆☆☆

Die Lehrerin

Jede Seele, die geboren wird, bringt ein Potenzial mit in das derzeitige Leben.

Sie ist nicht unwissend und unerfahren, sondern hat bereits diverse Inkarnationen gelebt und erlebt. Diese Inkarnationen müssen nicht unbedingt auf Gaia stattgefunden haben.

Die werdenden Eltern haben sich darauf vorzubereiten, die neue Seele einfühlsam und geduldig in das Leben auf Gaia einzuführen, zu erklären und zu helfen, das Leben zu gestalten.

Zwischen den Eltern und dem Kind besteht immer auch eine seelische Beziehung, wie auch immer sie aussehen mag.

Und hier beginnt für die Eltern bereits der Lernprozess durch die kindliche Lehrerin. Sie wird sich die ersten Lebensjahre noch gut an ihr mitgebrachtes Potenzial erinnern, und bei genauer Beobachtung ist es erkennbar. Wird ihr dann die Möglichkeit zur freien Entfaltung gegeben, kann das Umfeld der kindlichen Lehrerin sehr von ihrer Ankunft partizipieren und eine große Wissenserweiterung erfahren.

Bedauerlicherweise geht die heutige Gesellschaft auf Gaia davon aus, dass Neugeborene mit Idioten gleichzusetzen sind, und jede/r ist überflüssigerweise bemüht, dem Kind zu erzählen, was es zu tun, zu fühlen und zu sagen hat.

Damit nehmen sich nicht nur die direkten Bezugspersonen sehr viel, wenn nicht gar jede Chance zur Entwicklung, sondern im gesellschaftlichen Rahmen ist es eine Katastrophe, die kaum noch zu überbieten ist.

Die kindliche Lehrerin wird ihr Wissen tief in sich vergraben, wenn ihr klar wird, dass es nicht nur nicht erwünscht, sondern teilweise sogar als störend angesehen wird.

Das kann bis zum vollständigen Verlust des Wissens führen und in der gestörten Seele Neurosen, Psychosen usw. auslösen.

Ist die kindliche Lehrerin erwachsen geworden, wird sie zwar in sich den Impuls zur Weitergabe von Wissen verspüren, aber je nach Tiefe der Verletzung an das Wissen nicht mehr herankommen oder eine tiefe Verweigerung spüren.

Sie benötigt später viel Hilfe und Beistand, um lehren zu können. Sie sollte versuchen, sich zu erinnern, was sie in dieses Leben mitgebracht hat.

Es haben sich heute bereits recht gute Methoden verbreitet, und es gibt viele Helfer und Heiler.

Wenn sie ein ständiges Rumoren in sich verspürt, sollte sie dafür sorgen, dass sie solche Menschen findet und die Hilfe bekommt, die nötig ist.

Die erwachsene Lehrerin wird immer wieder mit ihrer kindlichen Lehrerin kommunizieren müssen, so wie auch die anderen Anteile dafür Sorge zu tragen haben.

Die kindliche Lehrerin ist eine sehr gute Ratgeberin für die Freude und den Humor beim Lehren, sie gibt Leichtigkeit und Freude dazu, denn es ist ihr ein tiefes inneres Bedürfnis, endlich das zu leben, wofür sie gekommen ist.

☆☆☆

Meditation für die innere Lehrerin

Mache es dir gemütlich, genauso, wie du dich wohlfühlst.

Lege eine schöne Meditationsmusik ein und zünde eine Kerze an. Suche dir einen Platz, an dem du dich entspannen und wohlfühlen kannst.

Lass dich tiefer und tiefer in die Entspannung gleiten und vor deinem inneren Auge das Bild einer schönen Landschaft entstehen. Eine Landschaft, in der alles so ist, wie du es magst. Sollte es nicht so sein, richte es dir entsprechend ein. Es ist deine innere Landschaft, und du hast jede Möglichkeit, sie dir angenehm zu gestalten.

Es kann auch sein, dass eine Fee oder ein Engel dort erscheint, vielleicht auch eine Verbündete, falls du schamanisch arbeitest.

Genieße eine Weile deine wunderschöne innere Landschaft, entspanne dich dort und fühle dich einfach wohl.

Nun erscheint in deiner inneren Landschaft eine konzentrierte und ausgeglichene Göttin. Klar und würdevoll tritt sie auf dich zu.

Begrüße diese konzentrierte Göttin und sprich mit ihr, wenn du den Wunsch dazu hast.

Wenn die Zeit für dich richtig ist, bitte die Göttin, dich zu deiner inneren Lehrerin zu führen, zu der inneren Lehrerin, die dir hilft, in Frieden und Liebe mit deinem Leben zu sein: Altes in Liebe abschließen, Neues in Liebe beginnen zu können, dein Leben in Freude und Schönheit zu gestalten und alte Wunden heilen zu lassen.

Die Lehrerin, die dich in deinem Leben genau jetzt am meisten bereichert mit ihren Gaben und Fähigkeiten.

Mache dich mit der zentrierten Göttin auf den Weg, sie wird bei dir sein, dich schützen und halten.

Wenn du bei deiner inneren Lehrerin ankommst, schau einfach, wie du sie wahrnimmst, wie sie auf dich reagiert, wie das Umfeld aussieht.

Präge dir alles gut ein, denn es hilft dir zu verstehen, wie die Zeit für deine innere Lehrerin wohl ausgesehen haben mag, und wie es ihr geht.

Lade deine innere Lehrerin ein, mit in deine innere Landschaft zu kommen. Die zentrierte Göttin wird euch weiterhin begleiten, und gemeinsam geht ihr zurück in deine wunderschöne, innere Landschaft.

Nimm die Lehrerin an die Hand, wenn du magst, und zeige ihr deine innere Landschaft. Heiße sie dort herzlich willkommen und sei voller Freude über ihre Heimkehr. Lass sie auch mit der inneren Kriegerin vertraut werden und mit der inneren Priesterin, ebenfalls mit der inneren Heilerin die sicherlich dort bereits warten, und erlaube der inneren Lehrerin, ihr Wissen und Liebe in deine innere Landschaft fließen zu lassen.

Frage sie, was du sie gerne fragen möchtest. Tausche dich mit ihr aus und nimm wahr, wie sie auf dich und deine Landschaft reagiert.

Nimm wahr, wie die innere Kriegerin, die innere Priesterin, die innere Heilerin und die innere Lehrerin miteinander sind. Sicher kannst du ihnen helfen, miteinander vertraut zu werden. Bleibe in Liebe bei ihnen, werde mit deiner inneren Lehrerin vertraut und lass sie auf dich wirken.

☆☆

Wie sind ihre Reaktionen?

Ist sie vielleicht ärgerlich oder verstört, weil sie sich vernachlässigt gefühlt hat?

Hat sie Angst vor irgendetwas, oder weiß sie vielleicht gar nicht, was sie noch bei dir soll?

Bitte die Göttin um Hilfe, damit zwischen dir und deiner inneren Lehrerin in der nächsten Zeit ein harmonisches Verhältnis entstehen kann.

Verabschiede dich für heute von deiner inneren Priesterin, deiner inneren Kriegerin, deiner inneren Heilerin und deiner inneren Lehrerin und auch von der harmonisch zentrierten Göttin. Sie werden dort in deiner inneren Landschaft bleiben. Jederzeit kannst du wieder dorthin gehen und dich in Liebe und Freude weiter mit deiner inneren Priesterin, inneren Kriegerin, inneren Heilerin und inneren Lehrerin anfreunden.

Kehre langsam und sanft zurück aus deiner inneren Landschaft in die alltägliche Wirklichkeit, atme dreimal tief ein und aus und spüre tief in deinen Körper hinein.

Recke und strecke dich und öffne langsam die Augen.

Schreibe das Erlebte auf, mache dir Notizen und erfreue dich an der Wiederentdeckung deiner inneren Lehrerin.

Besuche die Heilerin, die Priesterin, die Kriegerin und die Lehrerin regelmäßig, und es wird sich ein liebevoller, harmonischer Kontakt zwischen ihnen und zu dir einstellen.

☆☆☆☆☆

Allgemeines zu den vier Kräften

Ich möchte an dieser Stelle noch einmal darauf hinweisen, dass die kindlichen Aspekte der Seele immer die Grundlage für jede Art des Ausdrucks darstellen und niemand einen erwachsenen Ausdruck seines Potenzials wird leben können, wenn die Kommunikation mit dem dazugehörigen kindlichen Anteil nicht stattfindet.

Wenn die erwachsene Frau/der erwachsene Mann feststellt, dass das Bedürfnis, einen der aufgeführten Anteile zu leben, immer stärker wird, sollte sie/er sich vorerst an die Arbeit mit dem kindlichen Anteil begeben. Dann kann aus einer vielleicht schwammigen Vorstellung oder Vision ein ganz klarer und gerader Weg entstehen, bei dem der kindliche Anteil die beste Hilfe darstellt, die überhaupt möglich ist.

Ein Fehlverhalten ist damit ausgeschlossen, denn eine Seele, die bereits in der Kindheit die Ausprägungen trug, ist genau zu dem Zweck inkarniert, um diese Dinge in die Schöpfung zu bringen.

Sollte also jemand in seinen kindlichen Anteilen nicht die Neigung zu einer der Grundstrukturen finden können, soll auch keine der genannten Grundstrukturen gelebt werden. In dem Fall hatte die Seele sich etwas anderes vorgenommen zu bearbeiten und zu lernen.

Es ist wichtig, dieses dann zu akzeptieren, das eigene Leben anzunehmen und in Freude und Liebe zu gestalten.

Je stärker der Kontakt zum kindlichen Anteil oder Inneren Kind wird, desto besser kann darüber kommuniziert werden, was dieser kindliche Anteil sich für die Inkarnation vorgenommen hat. Damit entsteht Klarheit und Zielsetzung, und der kindliche Anteil kann mit Ideen und Vorschlägen helfen.

Dieser kindliche Anteil ist nicht mit der Arbeit mit dem Inneren Kind zu verwechseln, wo es vielfach um die Aufarbeitung von Trotz und Widerständen, verletzten Gefühlen usw. geht. Diese Art Belastungen kennt der kindliche Seelenanteil nicht, denn er ist nicht verletzlich, hat also derartige Dinge kaum oder gar nicht wahrgenommen. Bei Kontaktaufnahme kommen immer klare Aussagen und Hinweise, die liebevoll formuliert, allerdings manchmal auch überaus freudvoll sein können, denn dieser kindliche Anteil ist in der Regel sehr glücklich, wenn endlich der Weg zur Geburtsvision gesucht und dann gefunden wird.

Sicher ist auch aus eurer Sicht die Aufarbeitung der Verletzungen des Inneren Kindes wichtig, spielt aber für unsere Arbeit keine Rolle.

Allerdings ist es durchaus möglich, dass über die Arbeit mit dem Inneren Kind der kindliche Seelenanteil immer stärker spürbar wird, und ihr müsst unterscheiden, welcher Weg gegangen werden soll und was für die jeweilige Seele zur Zeit wichtig ist.

Die kindlichen Anteile deiner vier Kräfte bedürfen deiner Zuwendung und eines meditativen, friedlichen Umfeldes. Es geht bei dem Umgang mit den vier Kräften und ihren kindlichen Anteilen um Ganzwerdung und Heilung. Verzichte darauf, nach Schuld und Schuldigen zu suchen. Alles war richtig, wie es war zu der Zeit, als es war. Sei im Heute und Jetzt und schaue dich um, wie viel Schönes und Liebenswertes um dich herum ist und stattfindet.

Es ist eine wunderbare Zeit, um Heilung und Frieden stattfinden zu lassen, in dir und somit auch bei allem, was mit dir in Berührung kommt.

Höre immer dann mit der spirituellen Arbeit auf, wenn du das Gefühl hast, dich darin zu verlieren, oder dass dein Bezug zur alltäglichen Wirklichkeit unklar wird. Gönne dir dann ein genussvolles Essen und Trinken, ein schönes Gespräch mit Freunden, einen Spaziergang in der freien Natur oder einen guten Film. Bleibe immer eigenverantwortlich und lass dir für alles so viel Zeit, wie für dich richtig ist.

Damit du für den Kontakt zu den kindlichen Anteilen eine Hilfestellung hast, folgt nur eine Meditation. Diese kannst du dir, wenn du möchtest, auf Kassette sprechen oder von einem lieben Menschen aus deiner Umgebung vorlesen lassen.

☆☆☆

Meditation

Lege dir eine meditative Musik ein, zünde eine schöne Kerze an und erlaube dir, dich vollkommen zu entspannen.

Sinke mit jedem Einatmen tiefer und tiefer in deinen Bauch und lass langsam das Bild deiner inneren Landschaft entstehen.

Sicherlich triffst du hier die vier Anteile, mit denen du nun schon vertraut bist. Begrüße sie liebevoll und mit Freude. Genieße es, sie wiederzusehen und gönne dir und euch, eure Freude und Fröhlichkeit miteinander zu teilen und zu leben.

Wenn ihr miteinander zur Ruhe gekommen seid und Zeit und Muße für eine Plauderei habt, frage einmal eine nach der anderen, ob sie Kontakt zu ihrem kindlichen Anteil hat, ihn kennt und ihn vielleicht sogar einladen möchte, bei euch zu sein.

Frage eine nach der anderen: Die Innere Kriegerin, die Innere Priesterin, die Innere Heilerin und die Innere Lehrerin.

Nimm ihre Antworten liebevoll und ohne zu werten und warte ab, was geschieht.

Rufe nun das Lichtkind in deine Landschaft. Das Lichtkind ist die Essenz deines kindlichen Seins, und es trägt alle Kräfte deines kindlichen Selbst. Dieses Lichtkind kann dir mit seiner Unbeschwertheit und Weisheit in allen Prozessen, die mit dir zu tun haben, weiterhelfen.

Alles ist richtig, bleibe ganz entspannt und versuche nicht zu analysieren oder etwas zu erzwingen. Nimm es so, wie es kommt, und bleibe in der Liebe und der Freude. Begrüße das Lichtkind voller Liebe und schau dir an, wie deine vier Kräfte auf das Lichtkind reagieren.

Auch wenn eine von ihnen derzeit noch nichts mit einem kindlichen Anteil anfangen kann, wird sie beginnen, ihn in sich zu entwickeln, und es kann Heilung stattfinden.

Das Lichtkind wird jeder von ihnen helfen, die eigene kindliche Natürlichkeit zu heilen und zu entfalten.

Das Lichtkind hat alle vier Kräfte und mehr bereits in sich vereint. Es zeigt das, was du wirklich bist.

Erlaube dir und dem Lichtkind, in Liebe mit denen verbunden zu sein, die sich dort in deiner inneren Landschaft aufhalten und zeigen.

In der liebevollen Begegnung kann die Ganzheit entstehen und Heilung stattfinden.

Lass sie stattfinden, schau zu, was geschieht, und halte dich in Liebe und Harmonie, in Freude und Gelassenheit.

Sprich mit deinen vier Kräften und begrüße dein Lichtkind mit Freude. Genieße die Zeit dort in deiner inneren Landschaft und lass dort Liebe, Harmonie und Freude wachsen und gedeihen.

Bleibe so lange dort, wie es für dich richtig ist. Ist es Zeit für dich zu gehen, verabschiede dich in Liebe und mit der Gewissheit, dass auch in deiner Abwesenheit dort weiterhin Heilung geschehen kann.

Komm mit deinem Atem zurück in die alltägliche Wirklichkeit, spüre ganz bewusst in deinen Körper hinein und erfreue dich an deinem Sein, an deiner Lebendigkeit.

Lass dir nun Zeit, das Erlebte zu verarbeiten, schreibe es auf, wenn du möchtest, und erlaube deinen Erfahrungen, sich zu integrieren.

☆☆☆☆☆

Das Innere Kind

Bei manchen Seelen ist lange therapeutische Arbeit mit dem Inneren Kind erforderlich, da diese Seelen vorher nicht an den kindlichen Bereich kommen. Bei anderen Seelen wiederum ist es überhaupt nicht erforderlich, und es reicht aus, den Kontakt zur kindlichen Seele und ihrer Geburtsvision herzustellen.

Dabei handelt es sich zumeist um sehr alte Seelen, die Verletzungen aus vielen anderen Inkarnationen kennen und ihnen nicht einen so hohen Stellenwert einräumen.

Sie wissen einfach, dass das Ego verletzlich ist, und neigen dazu, das Ego nicht so ernst zu nehmen oder so hoch zu bewerten. Sie sind in der Lage, alte Verletzungen loszulassen und zur Transformation abzugeben, denn in ihnen wohnt das Urvertrauen in den göttlichen Schöpfungsplan.

Sie weisen eine strahlende Aura, Güte und Liebe auf und zeichnen sich stets durch ein besonderes Leuchten und Hingabefähigkeit aus.

Betrachtet sie nicht als solche, die alles verdrängt hätten, sondern erkennt sie an, denn ihr könnt viel von ihnen und durch sie lernen.

Seht ihr sie oder nehmt sie irgendwo wahr, könnt ihr ihnen helfen, indem ihr Engel zu ihnen ruft und sie vielleicht ein Stück auf ihrem Weg begleitet. Auch für diese Seelen ist das Leben auf Gaia zu dieser Zeit nicht immer nur freudvoll, daher macht es ihnen so leicht, wie ihr könnt, denn sie geben mehr, als ihr mit dem menschlichen Auge erkennen könnt.

Ist die Arbeit mit dem Inneren Kind für dich ein bereichernder und heilender Weg, so gehe ihn. Achte immer darauf, dass du deinem Inneren Kind voller Freude und Liebe entgegentrittst, damit es bleibt. Vermeide Strenge und Anordnungen und bemühe dich um einen liebevollen Kontakt.

Aber beachte auch, dass es keine Kindheit gegeben hat, die nicht oftmals von Ängsten und Aufregungen geprägt war. Betrachte deine Kindheit als einen wesentlichen Teil deines Lebens und bemühe dich, sie liebevoll zu betrachten, wenn du an sie zurückdenkst. Erweise ihr den nötigen Respekt, denn es war DEINE Kindheit, du hast sie erlebt und gelebt, und du bist jetzt hier und liest dieses Buch.

Du hättest auch eines der Kinder gewesen sein können, die niemals die Chance hatten, lesen zu lernen, die niemals erlebt haben wie es ist, eine gute Mahlzeit zu essen, und die niemals erlebt haben, in einem eigenen Bett zu schlafen.

Sage deiner Kindheit und dem Kind in dir „Danke“ für alles, was du erleben und manchmal auch erleiden durftest. Sage ihr „Danke“ dafür, dass sie stattgefunden hat und du die Frau werden durftest, die du heute bist.

Sieh die Göttin in dem Mädchen in dir und die Göttin in dir. Das Mädchen in dir ist die jungfräuliche Göttin, und du bist vielleicht die Muttergöttin oder gar die weise alte Göttin.

Du wärest nicht geworden, wer du heute bist, hättest du nicht erlebt, was du erlebt hast. Und jede Kindheit ist so voller Wunder und Gefühle, dass sie achtens- und liebenswert ist.

Wie oft war jemand bei dir, wenn du traurig warst? Wie oft war jemand bei dir, wenn du einsam warst? Denkst du jetzt, bei mir war nie jemand, ich war immer alleine? Dann schaue mal weiter. Oftmals erinnern wir uns an die schönen Dinge unserer Kindheit, wenn wir bereit sind, sie anzusehen. Und alleine warst du nie, das weiß ich genau.

Sprich mit dem Mädchen in dir und sage ihr, welch eine wunderbare Göttin sie war und ist. Sage dir und ihr ganz bewusst: Ich war ein tolles Mädchen und hatte eine tolle Kindheit!

Sprich das kleine Mädchen in dir an als kleine Göttin, wenn du mit ihr sprichst, und sage ihr, wie sehr du sie dafür liebst, dass sie das alles mit dir erlebt hat. Sage ihr, wie schön es für dich ist, sie zu spüren und lieben zu können.

Besprich mit der kleinen Göttin in dir, wie ihr beide das feiern könnt. Wie ihr feiern könnt, dass es dich und sie gibt, und wie sehr ihr feiern könnt, was ihr alles gemeinsam erlebt habt und wie ihr eure Wege gemeinsam gegangen seid.

Veranstalte ein Fest ihr und dir zu Ehren. Vielleicht lädst du Freundinnen ein oder gehst mit einer Freundin zu einer für dich und die kleine Göttin schönen Veranstaltung.

Bemühe dich, deine Tage mit ihr in Einklang zu verbringen. Frage sie, was sie sich wünscht und was du für sie tun kannst. Sie wird sich niemals etwas wünschen, was du ihr nicht erfüllen kannst oder was dich überfordern würde.

Begegne ihr in Freude und Liebe. Ist sie zornig, nimm sie in den Arm. Es ist alter Zorn, der sich auflösen möchte und soll. Deine Liebe wird sie zu einer prachtvollen kleinen Göttin heranwachsen lassen.

Lass dir und ihr Zeit für die Wachstumsprozesse und sende ihr immer Liebe, wenn sie sich in deinen vielbeschäftigten Kopf schleicht und dort anklopft.

Oder wenn du ein leichtes Kribbeln im Bauch verspürst wie ein zartes Kichern, oder jemand von innen gegen dein Herz drückt, damit es endlich aufgeht in der Liebe der Göttin und zur Göttin.

Hilf der kleinen Göttin in dir, zu einer strahlenden, jubelnden und lebensbejahenden Göttin zu werden, denn sie und du, ihr beide seid der manifestierte Ausdruck der Großen Göttin. Und werde auch du mit ihr gemeinsam zu einer jubelnden und lebensbejahenden Göttin – tanze und lache, höre fröhliche Musik und singe fröhliche Lieder.

Schmunzel mit ihr zusammen in dich hinein, wenn du leise sein musst, weil es die Situation erfordert. Begegne dem hereinströmenden Leben voller Freude und Dankbarkeit dafür, dass ihr es gemeinsam gestalten und erleben dürft.

Genieße die Zeit mit ihr und werde immer vertrauter und freudvoller mit ihr.

Sie ist eine wichtige Göttin für deinen Weg und dein Leben, denn sie ist deine kindliche Göttin. Sie wird dich niemals alleine lassen, und ihr werdet zusammen zu einer weisen, alten Göttin werden.

Ein vollendeter Frauenzyklus kann beginnen und stattfinden.

☆☆☆☆☆

Die Göttin in der Frau

Frauenfreundschaften sind stark belastet durch viele Inkarnationen des Leidens, der Furcht, der Qual und leider auch der Folter, oftmals in Zusammenhang mit Verrat.

Es war immer eine gute Möglichkeit, Frauen gegeneinander auszuspielen, weil sie gelernt hatten, die Anerkennung des männlich Göttlichen im Ausdruck des männlich Göttlichen zu suchen. Die Suche nach ihrer eigenen Spiritualität wurde ihnen vor sehr langer Zeit genommen, und in dem heutigen Ausdruck der gelebten Spiritualität spiegelt sich immer noch die Vorherrschaft des männlich Göttlichen wider.

Es sollte machbar sein, dass die Göttin und der Gott gleichberechtigt und in gegenseitiger Anerkennung miteinander sein können. Nur so ist erlöste, freie und individuelle Spiritualität möglich.

Interessanterweise lebt ihr heute meistens in Pärchenform zusammen, also je eine Frau und je ein Mann. Das war nicht immer so. Für die Frauen vor langer Zeit war die Freundschaft und Liebe zu anderen Frauen der wichtigste Lebensinhalt, die Liebe zu einem Mann oder Sohn ist eine ganz andere Art der Liebe.

In der Liebe der Frauen zueinander findet ihr die Liebe der Göttin und beginnt, den vielseitigen Ausdruck der Göttin anzuerkennen und zu lieben. Wenn ihr durch die Natur schaut, findet ihr dort überall den Ausdruck der Göttin, der sich durch die Kreation vielseitiger Lebensformen manifestiert. Erst durch die Liebe einer Frau zu einer anderen Frau könnt ihr die Göttin in euch selbst erwecken.

Heute habt ihr große Schwierigkeiten, dem Männlichen gegenüber zu dieser Liebe zu stehen, und oft kommt es noch zu Erinnerungen an Verrat und Qual.

Wenn eine andere Frau diese Gefühle bei dir auslöst, schau immer hin, ob eine alte Erfahrung geweckt wird und erlaube dieser Erfahrung, zu heilen. Sende der Frau, die dich an diese Erfahrung gebracht hat, Liebe und Mitgefühl, damit ihre und deine alten Wunden heilen können.

Auch seid ihr heute kaum in der Lage, außerhalb staatlich legitimierter Beziehungen Freundschaften zu pflegen, die individuelle sind. Sicherlich ist euer Wunsch nach harmonischer Verschmelzung von Familien oder Ehepaaren ein Wunsch, der versucht, die Trennung zu überwinden, aber ihr verliert damit die Individualität und verhindert viele Heilungsmöglichkeiten.

Frauen sollten wieder lernen, auch außerhalb ihrer Familie Freundschaften zu anderen Frauen zu pflegen, denn nur in diesen Freundschaften und dieser Liebe wird die Heilung des weiblich Göttlichen stattfinden können. Erlaubt dem Männlichen nicht, sich dort einzumischen oder sich gar als Richter aufzuspielen, denn damit entzündet ihr nur die alten Wunden neu.

Erlaubt euch, stark und stolz zu sein und für eure Erfahrungen und Gefühle einzustehen. Verstrickt euch nicht in Rechtfertigungen und Angst, denn die Göttin wird euch zur Seite stehen.

Kein Mann kann in einer männlichen Inkarnation beurteilen, was in einer Frau vor sich geht, er kann nur Ratschläge und Möglichkeiten anbieten, wenn er tatsächlich dein Vertrauter ist.

Kein Mann ist so mit den Zyklen der Mondin und Gaias verbunden, dass er ausdrücken könnte, was in der Seele einer Frau vor sich geht und welche Möglichkeiten und Wahrnehmungen sich dort offenbaren, wenn die Frau sich erlaubt, eine Tochter oder Schwester der Göttin zu sein und auf ihrem Weg des Wachsens selbst zu einer Göttin wird.

Lebt die Frau im Einklang mit ihrem Körper und lernt, die Hinweise des Körpers zu verstehen und zu deuten, ist sie auf ihrem Weg zu ihrer Göttlichkeit.

Sie hat sich vor der Inkarnation bereit erklärt, für Gaia und für die Heilung des Kosmos zu inkarnieren, indem sie sich einen Körper kreiert hat, der den Einklang mit Gaia sucht oder hat.

Eingriffe in diesen weiblichen Zyklus sind immer männlicher Natur und versuchen, etwas in sich zu manipulieren, was aus der Sicht der Schöpfung und der Lebendigkeit vollkommen ist.

Damit will ich kein Misstrauen zwischen Männern und Frauen säen, sondern der Göttin helfen zu heilen und aus sich selbst heraus zu sich selbst zurückzufinden, denn nur dadurch kann Gaia heilen.

Natürlich ist es vollkommen richtig, dass ein medizinischer Eingriff erfolgt, wenn das Leben einer Frau in Gefahr ist. Eine Frau ist immer Ausdruck der Göttin, auch ohne Gebärmutter oder Eierstöcke oder Brüste. Diese sind Ausdruck der körperlichen Empfänglichkeit und Fruchtbarkeit, für die bestimmte Lebensjahre im Leben einer Frau vorgesehen sind. Eine Frau wird immer aus ihrer Ganzheit heraus gebären, egal, was sie gebärt. Zum Gebären gehören auch Ideen, Kreationen usw.

Die sexuelle Anziehung zwischen Männern und Frauen dient der Vermehrung und der Möglichkeit der körperlichen Erfahrung für andere Seelen durch die Geburt – ursprünglich ist das der einzige Hintergrund. Es gibt noch viele andere Möglichkeiten, warum Frauen und Männer sich gegenseitig anziehen. Diese bedürfen tiefer seelischer Betrachtung.

Um sich selbst kennenzulernen, braucht die Frau andere Frauen. Sie wird im Männlichen keine vollständige Erfüllung finden, denn sie kann dort tiefe Resonanzen nicht finden, weil sie einfach nicht vorhanden sind.

In einer Frau, die nur zwischen dem Ausdruck des männlich Göttlichen lebt, wird immer eine tiefe Einsamkeit bleiben, denn sie hat ihre eigene prachtvolle Spiritualität nicht gefunden. Sie betet nach wie vor einen männlichen Gott an, der nicht ihr Gott sein kann und in dem sie keine Erfüllung erfahren wird.

Diese tiefe innere Leere veranlasst viele Frauen, sich laufend nach anderen Männern umzusehen und sich auf sie einzulassen, bis sie endlich verstehen, dass sie dort nicht finden werden, wonach ihre Seele sucht.

Ihre Seele weiß intuitiv um die Nicht-Vollständigkeit des Lebens und wird sie immer weiter auf die Suche schicken. Erst wenn die Frau die Göttin in allen Frauen sieht, wird sie beginnen zu verstehen. Und ihre Seele beginnt heimzukehren zu sich selbst.

Eine Frau sollte, wenn sie sich durch eine andere Frau verletzt fühlt, sich die Frage stellen, was sie verletzt hat. Sie kann bei der Suche nach der Ursache ganz im Weiblichen bleiben – vielleicht ist es eine Erfahrung mit der Mutter, der Schwester, der Freundin, die in der Vergangenheit ihre Spuren hinterlassen hat und nun wieder geweckt worden ist. Sie sollte sich Zeit nehmen für die Heilung der alten Verletzungen, auch durch die Inkarnationen spüren, und sie sollte die Heilung, wenn sie Hilfe benötigt, durch eine andere Frau stattfinden lassen.

Frauen können Frauen und Männer heilen, so wie sie auch Töchter und Söhne gebären können. Aber Heilung für die Frau kann bis in die Seelentiefe nicht durch einen Mann erfolgen.

Ein männlicher Heiler kann die Seele einer Frau nicht heilen, er kann ihren Körper, ihre Gedanken, manchmal auch ihre Emotionen heilen, aber nicht ihre Seele.

Das ist immer eine Täuschung und bringt die Frau wieder auf die Suche nach dem männlich Göttlichen; damit geht sie von ihrem Weg zur Göttin wieder ein Stück fort.

Ein erfülltes und glückliches Frauenleben ist nur unter Frauen möglich.

Eure heutige Ordnung setzt alles daran, die Erfüllung der Frau zu verhindern.

Durch euer System und die Kirche werden auch Frauen veranlasst, sich dem männlich Göttlichen zuzuwenden, denn die Kraft der Frau ist eine starke Kraft. Das ist den entsprechenden Kräften, die diese Veränderung herbeigeführt haben und steuern, sehr wohl bewusst.

Die Angst vor der Kraft der Frau und somit der Kraft der Göttin bringt sie immer wieder dazu, Maßnahmen zu ergreifen, die dafür sorgen sollen, dass die Frauen nicht in ihre Kraft kommen. Sie fürchten vielleicht den Zorn der Göttin oder haben Angst vor Rache und können nicht erfühlen, dass all dies nicht der Wunsch der Göttin ist. Sie können es nicht erfühlen, weil sie männlich sind.

Nun sind viele Seelen in einer männlichen Inkarnation gekommen, die für die Göttin einstehen und eintreten, respektvoll die Kraft Gaias wahrnehmen und genießen. Es sind erlöste und weise Seelen, die in der jüngsten Vergangenheit inkarniert sind, und sie haben den männlichen Körper gewählt, um der Göttin zu helfen. Das tun sie bereits dadurch, dass sie gekommen sind, denn die Große Göttin liebt auch ihre Söhne. Und diese Söhne lieben die Große Göttin aus ganzem Herzen, und sie wissen, dass sie keine Macht über das Weibliche brauchen, denn ihre Macht ist ihre große Liebe. Aus dieser Liebe der Frauen und dieser äußerlich männlichen Seelen heraus wird die Göttin auferstehen und wieder in ihre Kraft gehen, und Gaia wird heilen.

Lemuria wird zurückkommen und kann wieder mit Gaia verbunden werden. Frauen tanzen mit Frauen und Männer tanzen mit Männern – nicht, weil sie Angst voreinander haben, sondern weil sie sich lieben. Und weil sie wissen, dass Liebe sich nicht auf den körperlichen Ausdruck einer Seele beschränkt. Liebe ist allumfassend. Und auf diesem Weg können Göttin und Gott heilen und in Eintracht miteinander und beieinander sein. Dann besteht die Möglichkeit, den individuellen Ausdruck zu leben, um die eigenen Seelenerfahrungen zu machen und trotzdem in der göttlichen Liebe zu sein. Das ist die Aufhebung der Trennung.

Erkenne die Göttin in jeder Frau, frage dich, was diese Frau dich lehrt, ertrage den Schmerz mit ihr und lass die Wunden der Vergangenheit bei dir und ihr heilen. Und mit jeder Heilung machst du einen wichtigen Schritt zu der Göttin in dir und wirst zur Göttin. Du wirst zur eigenen Schöpferin deiner Wirklichkeit, kannst Leben mit Freude und Heilung gestalten.

Die Göttin lebt in dir und durch dich,
du bist der Ausdruck ihres Seins.

Möchtest du, dass Männer dich anbeten? Es ist nicht Ausdruck des weiblich Göttlichen, angebetet zu werden. Der Ausdruck des weiblich Göttlichen findet sich im Handeln und Kreieren der Schöpfung. Das Göttliche, egal, in welcher Form, braucht nicht angebetet zu werden, es sollte gelebt werden, um sich hier auf Gaia auszudrücken und zu verwirklichen.

Möchtest du überhaupt angebetet werden? Dann prüfe, ob du dich von anderen Energien nährst als denen der Göttin. Dann nährst du dich vielleicht von den Energien anderer Menschen? Tiere geben ihren Menschen oftmals Energie, damit es ihren Menschen gut geht, auch Kinder geben oftmals viel Energie an ihre Eltern, damit diese gut zu ihnen sind und es schaffen, sie groß werden zu lassen.

Diese Energien sollten immer nur freiwillig gegeben werden. Tiere geben die Energie nicht zum Selbstzweck, sie geben sie aus Liebe und Mitgefühl. Vergiss niemals, dass die Lichtwesen in vielerlei Gestalt erscheinen, lass dich durch die äußere Form nicht täuschen und bleibe achtsam. Du weißt ja, die Priesterin ist immer in einer gewissen Achtsamkeit.

☆☆☆☆☆

Frauen lernen

Um die Göttin in den Frauen wiederzufinden, sie kennen und verstehen zu lernen, kannst du wunderbar in allen Frauen, die dir begegnen, die drei Aspekte der Göttin versuchen zu sehen und zu verstehen.

Lernst du eine andere Frau kennen, schau einfach, ob du in ihr die junge Frau (Jungfrau), die Mutter und die weise Alte finden kannst.

Versuche herauszufinden, welchen Göttinnenaspekt sie am stärksten lebt, welcher bei ihr am intensivsten ausgeprägt ist und welchen sie vielleicht bei sich ablehnt.

In welchem Lebensalter ist die Frau?

Welche Erfahrungen hat sie gemacht?

Viele Frauen in der heutigen Zeit lehnen in sich die weise Alte ab, weil sie das automatisch mit dem Aussehen einer Alten assoziieren und euch ständig vorgegaukelt wird, ihr müsstet ewig jugendlich frisch erscheinen.

Aber selbst in einem Mädchen kann die weise Alte sichtbar werden und sich ausdrücken, denn das Lebensalter sagt nichts über das Seelenalter aus.

Und auch in der weisen Alten kann die Jungfrau sichtbar werden, die gerne tanzt, singt und jubelt und das Leben mit beiden Händen ergreift.

Löst euch von den engen Vorgaben der Medien und entdeckt euch wieder, und somit die Göttin in ihrer Dreifaltigkeit.

☆☆☆☆☆

Beziehungen

Ihr lebt heute in Zweierbeziehungen, als normal gelten in eurer Kultur eine Frau und ein Mann. Euch ist gesagt worden, dass nur eine Frau und ein Mann zusammen das Göttliche entwickeln beziehungsweise darstellen können, als wenn das Göttliche etwas wäre, was aus zwei Teilen zusammengesetzt ist. Das ist eine nette Begründung für euren Verstand, um das Göttliche vielleicht erfassen zu können. Sie ist fest manifestiert in euren Köpfen, und ihr haltet euch nur für geistig gesund, wenn ihr laufend auf der Suche nach eurem „Gegenstück“, eurer Dualseele, oder wie ihr es auch immer nennt, seid.

Mache dir klar, dass eine Frau alleine bereits vollkommen göttlich ist, und ein Mann ebenso – es gibt keinen spirituellen Grund, eine „Ergänzungshälfte“ im anderen Geschlecht zu suchen.

Die These, dass ihr jemanden andersgeschlechtlichen in eurem Leben braucht, stellt lediglich eine Lernaufgabe dar. Ihr braucht den Kontakt zu anderen Menschen und werdet intuitiv – unabhängig vom Geschlecht – euch immer Menschen oder Mitgeschöpfe suchen, die euch auf eurem Weg zur eigenen Ganzheit weiterhelfen.

Andere Menschen oder Geschöpfe konfrontieren euch mit euren Ängsten. Diese dir bewusst zu machen ist eine deiner wichtigsten Aufgaben. Schau immer, was der oder die andere in dir auslöst, welche Themen angesprochen werden und versuche, die anderen unabhängig von dir zu betrachten. Sieh sie als ein eigenständiges Wesen auf der Suche nach der eigenen inneren Göttin. Und dich auch.

Schau in den Spiegel und sage mehrmals den Satz: „Ich begrüße und liebe die Göttin in mir."

Dieser Satz wird dich immer stärker an dein eigenes Selbst bringen und dir immer mehr helfen, andere Menschen in deinem Leben distanzierter wahrzunehmen. Wenn du es dann noch über dich bringen kannst, sie mit liebevollen Augen zu betrachten, bist du ganz bei dir und eins mit der Göttin in dir.

Du kannst jederzeit üben, wie es sich für dich anfühlt, dich getrennt von allem anderen wahrzunehmen, nicht verbunden zu sein. Dafür kannst du dir einen Kokon um dich herum vorstellen, der dich vor jeder übergreifenden Energie – entweder von dir zu den anderen oder von den anderen zu dir – schützt und trennt. Wenn du den Kokon stabil hast, wirst du sehr gut wahrnehmen können, wo deine Sehnsüchte etwas bei dem anderen suchen und nach Erfüllung durch den anderen Menschen oder das andere Tier drängen.

Diese Übung hilft dir, deine Eigenwahrnehmung immer weiter zu verfeinern und dich selbst besser kennenzulernen. Wichtig ist nicht, dass du die Sehnsüchte der anderen erkennst und dich genötigt fühlst, sie zu erfüllen, sondern dass du immer klarer darin wirst, dich selbst zu erspüren. Du befreist dich damit aus den Projektionen auf andere und ermöglichst dir, deine eigenen Themen und Blockaden wahrzunehmen und zu heilen. Stellst du beispielsweise fest, dass du eine starke Sehnsucht nach Zärtlichkeit und Nähe hast, stell dir die Frage, warum du nicht zärtlich und liebevoll mit dir umgehst, sondern stattdessen die Erfüllung deines Bedürfnisses von einem anderen Menschen erwartest.

Gerade die Selbstliebe ist ein wichtiges Thema mit starken Erlösungsmöglichkeiten, bereits das Wort „Erlösung" beinhaltet die „Lösung". Erlöst du deine Bedürfnisse, beginnst du dich aus Verstrickungen zu lösen. Du lernst loszulassen und in den Fluss des Lebens zu gehen.

Dir ist beigebracht worden, wer alles für welches Bedürfnis zuständig ist, und du hast in deinem Kopf viele kleine Schubladen. Du machst die entsprechende auf, wenn dir dein Bauch wehtut, und überlegst, wer deinem Bauch helfen könnte. Es ist aber dein Bauch, und in erster Linie kannst du selbst deinem Bauch helfen. Natürlich wirst und sollst du bei Erkrankungen und Störungen eine Ärztin oder einen Arzt aufsuchen und wissen, wo und wie du Hilfe für deinen Körper findest, aber sehr oft sendet dein Körper dir Signale, die du selbst zur Kenntnis nehmen kannst, und alleine durch das Senden liebevoller Gedanken in deinen Körper wird sich der Bereich entspannen. Bemühe dich, mit denen, die für die Heilung deines Körpers da sind, eigenverantwortlich zusammenzuarbeiten. Auch ihre Arbeit kann dann erfolgreicher und freudvoller werden.

Gehe davon aus, dass sie wirklich das Beste und Heilendste für dich möchten. Sie verbringen ihr ganzes Leben damit, Heilung zu finden und weiterzugeben. Sie können vieles tun, wenn du mit ihnen gehst und deinen Teil an Verantwortung übernimmst.

Vielleicht kommen dann noch Bilder in dein Bewusstsein, was dein Körper da eigentlich gerade sagen und loslassen wollte, und du kannst ihm wunderbar dabei helfen.

Wende dich an deine eigene innere Heilerin, bemühe dich um den Kontakt zu ihr. Sie wird dir immer gerne weiterhelfen.

Genauso kannst du mit deiner inneren Kriegerin, deiner inneren Priesterin und deiner inneren Lehrerin verfahren.

Naheliegend ist, dass die innere Kriegerin gut ist für die Durchsetzung von Themen, die dir auf der Seele liegen, sie ist eine Kriegerin des Lichts, die innere Priesterin gut für Themen, die mit deiner inneren Göttin zu tun haben, und die innere Lehrerin kann dir sehr gut helfen, Chaos zu sortieren und zu schematisieren, damit du wieder einen klaren Kopf bekommst.

Frauen und ihre Kinder

Ihr habt in eurem heutigen Kulturkreis eine faszinierende Formulierung: Die Frauen schenken dem Mann das Kind.

Ich finde es irritierend, wieso eine Frau ihr Kind verschenkt, und ihr solltet euch klar machen, was eine derartige Formulierung für das Kind aussagt. Stell dir einmal vor, du stehst in einem Raum mit vielen anderen Menschen, und diese sagen, dass sie dich jetzt verschenken. Wie fühlt sich das für dich an? Was löst das in dir aus?

Oder du sprichst ganz alleine mit deinen Eltern, die dir eröffnen, dass sie dich verschenken werden. Kannst du das Wort erfassen? Mache dir einmal ganz klar: „Ich werde verschenkt."

Habt ihr Frauen eigentlich ein Bewusstsein dafür, dass in euch etwas heranwächst, ein ganz selbstständiges, autonomes Geschöpf mit einer eigenen Seele und einer eigenen Geschichte? Und es wächst heran in deinem Bauch, hört die ganze Zeit deinen Herzschlag, ernährt sich von deinem Körper.

Bekommst du dieses Kind, damit der Vater des Kindes dich liebt und versorgt? Oder bekommst du es, obwohl du dieses Kind gar nicht wolltest? Aus Verantwortungs- oder Schamgefühl?

Dieses Kind lebt in dir, und niemand auf der ganzen Welt spürt dich so intensiv wie dieses Kind, und jedes deiner Gefühle hat eine unmittelbare Auswirkung auf dieses Kind. Es wird diese Dinge speichern und dir präsentieren, wenn es geboren ist und heranwächst.

Es ist dein Kind, ein Ausdruck des Lebens und der Schöpfungskraft – es ist eine Seele, die dich als Mutter erwählt hat. Und du verschenkst dein Kind???

Wenn du dein Kind anschaust in den Jahren, in denen es heranwächst, denke daran, wie es dir erging, was du gedacht und getan und gefühlt hast, als dieses Kind in dir heranwuchs, und dann schau, was davon dir dieses Kind präsentiert und was es dich lehren möchte. Wenn du dein Kind liebst, kannst du aushalten, was du siehst und wahrnimmst, denn dann ist es dein innigster Wunsch, dass es deinem Kind gutgeht.

Hast du dieses Kind als Versorgung bekommen, wird dein Kind dich genauso sehen, hast du es aus Liebe und Achtung vor dem Leben bekommen, wird es auch dieses zeigen.

Das Kind, das du geboren hast, ist dein Kind. Es mag ein Durcheinander entstehen darüber, wer der Erzeuger oder Vater des Kindes ist, aber es wird immer klar sein, wer die Mutter ist.

In den ersten Monaten der Schwangerschaft wird eine Seele sich für die Inkarnation bei dir entscheiden. Diese Seele wird ihren Lebensplan mit den Engeln der Schöpfung besprechen, und diese Engel werden der Seele helfen, ihren Weg zu dir zu finden. Bewegst du dich während der Schwangerschaft in einem harmonischen und spirituellen Umfeld, meditierst du regelmäßig oder praktizierst du spirituelle Methoden, so wird sich das entscheidend auf die Seele auswirken, die sich für eine Inkarnation bei dir entscheidet. Je harmonischer und sensibler du selbst bist und auch dein Umfeld, desto feiner kann die Seele sein, die kommt.

Achte auf möglichst viel Freude in der Zeit der Schwangerschaft. Sprich mit dem Kind, das in dir heranwächst und beziehe es mit in dein Leben ein. Du kannst viel tun, um eine harmonische Verbindung zwischen dir und deinem Kind aufzubauen. Lebst du in einem kämpferischen Umfeld, kann es durchaus sein, dass eine Seele den Weg zu dir findet, die eine starke Krieger/innen-Intention trägt. Denke daran, wenn dein Kind geboren ist, und hilf ihm, harmonisch in diese Schöpfung hineinzuwachsen.

Denke immer daran, dass sich eine entwickelte Seele in einem kleinen Körper befindet und diese Seele viel Zeit und Liebe braucht, um sich an die Situation zu gewöhnen und sich angenommen zu fühlen.

Es kann oftmals sein, dass dein Kind dir deine eigenen unerlösten Themen präsentiert und du spürst, wie du an deine Grenzen kommst. Mach dir klar, dass es deine inneren Grenzen sind und du gemeinsam mit deinem Kind wachsen kannst. Lerne von deinem Kind, und auch von dem Kind in dir.

Lass dein Kind in dem Licht und der Liebe der Muttergöttin aufwachsen, die du für dein Kind verkörperst und die ihren lebendigen Ausdruck durch dich findet.

Nachdem ich nun so viel über Kinder gesprochen habe, ist sicherlich vieles auch in dir aktiviert worden, was mit deinen Erfahrungen in deiner Kindheit in Zusammenhang steht.

Um dir das genauer anschauen zu können, folgt nun eine Meditation zu den vier Kräften als kindliche Anteile. Diese Meditation solltest du jedoch erst machen, wenn die in den ersten Meditationen gerufenen Anteile – die Heilerin, die Priesterin, die Kriegerin und die Lehrerin – miteinander in Harmonie sind und sich bereits in dir und durch dich entfaltet haben.

Für die Arbeit mit den kindlichen Aspekten ist es wunderbar, wenn du eine liebevolle Stabilität hast. Die vier kindlichen Anteile sollen sich schließlich bei dir wohlfühlen und letztendlich zu deiner Ganzheit beitragen.

Übung mit den vier grundlegenden Kräften und dem Inneren Kind

Reise auf deinen Kraftplatz oder in deine innere Landschaft, ganz wie es für dich richtig und gut ist. Es muss ein Ort sein, an dem du dich vollkommen sicher und geborgen fühlst.

Bitte deine Verbündeten oder Helfer dazu, vielleicht auch die Aufgestiegenen Meister/innen oder Erzengel.

Nun verbinde dich tief mit deinem Inneren Kind, bis du es in all deinen Chakren spüren kannst in seiner Spontaneität, Lebendigkeit und Freude.

Und jetzt rufe mit Hilfe deines Inneren Kindes die vier grundlegenden Kräfte, und zwar als kindliche Anteile.

Rufe die kleine Kriegerin, die kleine Lehrerin, die kleine Heilerin, die kleine Priesterin.

Sie werden als Kinder erscheinen. Gestalte du deine innere Landschaft, wie Kinder es mögen. Sei ganz entspannt und kreativ, gehe spielerisch mit Farben um und setze ihnen überall Signale, die ihnen zeigen, wie wichtig sie dir sind.

Bitte sie alle aus ganzem Herzen zu kommen, damit du sie kennenlernen kannst. Auch wenn eine von ihnen ärgerlich ist, verbittert oder wütend, möge sie trotzdem erscheinen.

Lass in deiner inneren Landschaft oder auf deinem Kraftplatz ein Lagerfeuer entstehen, ein schönes gemütliches Lagerfeuer, und bitte alle vier dorthin.

Mag eine sich nicht dorthin setzen, lass sie sich einen Platz woanders suchen.

Und nun beginne ein Gespräch mit ihnen, lass sie auch ruhig durcheinanderreden, schreien, lachen, weinen, was auch immer sie tun wollen.

Wichtig ist, dass sie zusammenfinden und lernen, in Harmonie miteinander zu sein und miteinander zu kommunizieren.

Wenn du den Zeitpunkt für richtig hältst, übernimm die Gesprächsführung.

Du kannst auch einen Redestab zu Hilfe nehmen, dass immer nur die spricht, die den Stab hat, und alle anderen warten, bis diese zu Ende gesprochen hat und ihr Anliegen in Ruhe vortragen konnte.

Genieße die Zeit mit den Kindern, sei entspannt und kreativ, und erlaube auch dir, einmal Kind zu sein. Tobe mit ihnen, schmuse mit ihnen, alles ist richtig. Lernt euch kennen und lieben und miteinander zu sein. Begrüßt euch mit offenem Herzen, voller Liebe und Vertrauen.

Lass dir und den vier Kindern Zeit, um Vertrauen aufzubauen und zueinander zu finden.

Wenn die Meditation für dich vorbei ist, lass sie alle vier dort an diesem Ort. Sie werden weiterhin miteinander kommunizieren, und es kann sein, dass du immer stärker spürst, wie sie in Harmonie miteinander kommen, sich gegenseitig beginnen zu ergänzen, miteinander zu spielen und sich harmonisch miteinander zu entwickeln.

Überlasse für die Zeit, in der du nicht dabei bist, deinem Inneren Kind die Führung.

Dieser Prozess wird so lange dauern, bis alle vier harmonisch miteinander verbunden sind und eine Integration für dein Inneres Kind stattfindet.

☆☆

Achte darauf, dass du einmal wöchentlich, am besten immer am gleichen Tag und zur gleichen Zeit, dort zu den vieren reist.

Setze dich mit ihnen auseinander, beantworte ihre Fragen, sei geduldig und zentriert. Kinder lieben Rhythmen und Verlässlichkeit. Deine Liebe und Geduld werden ihnen helfen, zu großen, stabilen inneren Anteilen zu werden.

Tue das so lange, bis die kindliche Kriegerin, die kindliche Lehrerin, die kindliche Heilerin und die kindliche Priesterin zu erwachsenen, verantwortlichen Anteilen herangewachsen sind.

Dieser innere Prozess kann durchaus ein Jahr dauern, sei also nicht ungeduldig. Die ausgereiften Kräfte dieser vier Anteile stehen dir dann jederzeit zur Verfügung und erleichtern dir angemessenes Handeln und Reagieren in allen Situationen.

Durch die Stabilisierung, die dein Inneres Kind in dieser intensiven Kontaktaufnahme erfährt, wird auch für dieses Innere Kind ein Hineinwachsen und harmonischer Kontakt zu dir als Erwachsene entstehen.

Dein Selbstvertrauen kann sich harmonisieren und stabilisieren, und deine Intuition für Situationen und situationsgerechtes Verhalten kann erheblich sicherer werden.

Auf diesem Weg wird sich in dir die Göttin in all ihren Aspekten harmonisch entfalten können, Phasen von Traurigkeit bis Depression oder auch überschäumender Emotionalität können sanfter stattfinden. Es wird dir leichterfallen, deine Mitte zu halten.

Die drei Aspekte der Göttin, das junge Mädchen, die Frau und die weise Alte, schwingen dann miteinander. Immer seltener wirst du dich selbst bei einem Rollenspiel ertappen. Deine Präsenz und Ausstrahlung werden an Kapazität zunehmen.

Wichtig sind auch hierbei, wie immer, das konsequente Handeln und die Beständigkeit.

☆☆☆☆☆

Spirituelles Training

Es war schon immer so, und es wird sich auch in der näheren Zukunft daran nichts ändern: Der spirituelle Muskel muss trainiert werden.

Sicherlich war es vor langer Zeit leichter, spirituelle Verbindungen herzustellen und zu halten. Doch auch heute ist es möglich, dasselbe für sich zu tun und zu erreichen.

Dazu gehört Beständigkeit. Hast du dich für einen spirituellen Weg entschieden, plane ein, dass es dich an deine Grenzen bringt, denn du wirst diese nicht erweitern können, wenn du nicht bis zu ihnen vordringst und sie dann erweiterst.

Dazu gehören Phasen der Ratlosigkeit, und manchmal taucht eine Phase auf, in der du das Gefühl hast, im luftleeren Raum zu schweben, nirgendwo Halt zu haben und losgelöst zu sein.

Stell dir einmal vor, dass viele Schichten von Energie dich umgeben. Du kennst das aus diversen spirituellen Lehren und der Literatur. Zuerst befindest du dich in der engsten Hülle, sie ist dir vertraut, und du fühlst dich darin sicher. Nun übst du eine spirituelle Praktik aus und kommst dadurch an die Grenze der Hülle. Überschreitest du diese Grenze, musst du erst einmal in die nächste Schicht hineinwachsen, dich sozusagen neu kennenlernen.

Das fühlt sich oftmals losgelöst an, sollte aber nach spätestens vierzehn Tagen vorbei sein.

Allerdings solltest du die nächste spirituelle Arbeit oder Einweihung nicht früher machen, denn erst einmal solltest du wieder Wurzeln in dir selbst bekommen haben, bevor du den nächsten Schritt gehst. Hilfreich ist in dieser Phase eine Meditation, in der du dich mit deinem Höheren Selbst verbindest.

Spirituelle Wege beinhalten immer die Sehnsucht nach dem Höchsten, nach deiner spirituellen Heimat, die in dir wohnt und doch oftmals so fern erscheint.

Es ist wichtig, dass du deine eigene spirituelle Führung kennenlernst, um dich von Dogmen und fremden Lehren lösen zu können.

Für eine Weile ist es sicherlich sinnvoll, der spirituellen Lehre einer Meisterin oder eines Meisters zu folgen, aber dann kommt der Zeitpunkt, an dem du dich davon lösen musst und deinem eigenen höchsten Selbst, deiner spirituellen Führung, folgst.

Ein gutes Indiz für dein „Angekommensein“ ist, wenn du immer wieder darauf hingewiesen wirst, friedliche und liebevolle Wege mit dir und für dich zu gehen, ehrlich und klar zu sein, und wenn emotionale Angriffe dich immer weniger verletzen.

Oftmals wirst du irgendwann feststellen, dass du diese nicht einmal mehr erkennst oder spürst. Dann bist du so weit und sicher verbunden, dass du einen stabilen Schutz für dich und eine gute Durchlässigkeit für die spirituellen Ebenen aufgebaut hast.

Sei dir sicher, dass du auf deinem spirituellen Weg niemals alleine bist, auch wenn keine Menschen um dich sind. Unendlich viele Engel und Meisterinnen und Meister konnten wieder so weit zu Gaia durchdringen, dass sie dir zur Seite stehen können.

Öffne deine Sinne für die Wahrnehmung. Manchmal spürst du einen leichten Hauch um dich herum, hörst ein Lachen wie zarten Glockenklang, der tief in dir seine Antwort findet. Dann freue dich und lass diese Freude aus dir erstrahlen. Diese Freude trägt viel Kraft und Heilung für dich und die Schöpfung.

Bete so viel du kannst und magst auf deinem spirituellen Weg und lausche nach deinem Gebet noch den Antworten, die du erhältst. Deine Gebete werden gehört, und du wirst Antworten bekommen.

Bete so, wie es für dich richtig ist, in der Haltung, die dir guttut und für dich angenehm ist. Kasteie dich nicht, weder beim Beten, noch in der Meditation.

Ein verkrampfter Körper und ein verkrampftes Nervensystem können nicht gut umgehen mit den energetischen

Umstellungen und könnten dir Schmerzen verursachen.

In jedem Gebet entsteht eine Resonanz deines Seins zu der Wesenheit, die du im Gebet namentlich benennst. Da du selbst aus vielen Teilaspekten bestehst, wirst du immer stärken in dir, wen du anbetest. Betest du in der weiblichen Form beziehungsweise eine weibliche Energie an, stärkst du das Weibliche in dir.

Meditierst du regelmäßig mit einem Buddha, stärkst du den Buddha in dir, allerdings schwächst du das Weibliche in dir – deine Schöpferinnenkraft. Beachte immer die Regeln der Resonanzen und übernimm die Verantwortung für das, was du tust beziehungsweise verursachst. Setze dich auseinander mit dem, was für dich wirklich wichtig ist – hier und jetzt, in diesem Leben, das du gerade lebst, hier in der Schöpfung der Göttin.

Bereicherst du diese Schöpfung und somit auch dein Leben mit liebevoller Energie? Wirst du Gaia am Ende deines Lebens einen Körper zurückgeben, der mit Freude, Liebe und Glück gefüllt ist, oder hast du dein ganzes Leben damit verbracht, darüber nachzudenken, wie du diesem Planeten möglichst schnell entkommen kannst? Hast du all deine Verzweiflung, deinen Zorn und deine Trauer in deinen Körper gepackt und gibst Gaia so einen Körper zurück?

Du kannst entscheiden und hast die freie Wahl: Lebe dein Leben in Freude, Heiterkeit und Dankbarkeit und bedanke dich mit einem erlösten Körper bei der Gastgeberin für dieses Rollenspiel.

Genug Wesenheiten sind hier auf Gaia, die Gaia auch nicht verlassen. Viele Zyklen der Menschheit haben sie kommen und gehen sehen, waren dabei oder haben sich zurückgezogen.

Ihr ganzes Sein ist bestimmt davon, Gaia zu schützen und zu hüten – das Juwel dieses Universums.

Bist du achtsam und liebevoll bei deinem Umgang mit Gaia, kann es sein, dass sie sich dir zeigen und beginnen, deinen Weg zu kreuzen und immer mehr mit dir zu gehen.

Sie setzen dir Zeichen: Ein kleiner Vogel landet vor deinen Füßen und schaut dich freundlich an, ein Schmetterling landet auf deiner Schulter oder umkreist deinen Kopf, oder vielleicht legt ein Hund sich auf deine Füße oder eine Katze reibt sich schnurrend an deinen Beinen.

Vielleicht siehst du auch merkwürdige Nebelschwaden, obwohl kein Nebel ist. Halte deine Augen offen, und es ist möglich, dass sie dich für vertrauenswürdig genug halten, sich dir zu zeigen, dir liebevoll und offen auf den Grund deiner Seele schauen und beginnen, dir die tiefsten Geheimnisse Gaias zu zeigen.

Erweise dich ihrer würdig, bedanke dich und lege Gaben heraus. Auch wenn sie selbst sie nicht nehmen, sehen sie deine Anerkennung.

Frage deine innere Priesterin, wenn du in dem Bereich nicht weiterkommst, sie wird dir sicherlich einen guten Rat geben können. Bitte deine innere Kriegerin um Hilfe, wenn es um das Handeln und den Umgang mit der Schöpfung geht, weise deine innere Lehrerin darauf hin, sich intensiv im Hier und Jetzt zu beteiligen und beziehe deine innere Heilerin mit ein, um zu verstehen, was du für dich und Gaia tun kannst.

☆☆☆☆☆

Die Elemente

Nachdem du die vier Kräfte, die grundlegend in dir wirken und die Basis für deinen spirituellen Göttinnenweg darstellen, kennengelernt hast, wende dich jetzt den Elementen zu.

Du kennst das Element Feuer:
Es steht für die innere Kriegerin.
Du kennst das Element Wasser:
Es steht für die innere Priesterin.
Du kennst das Element Luft:
Es steht für die innere Lehrerin.
Du kennst das Element Erde:
Es steht für die innere Heilerin.

Die innere Kriegerin ist eng verbunden mit dem Element Feuer, und es ist eine Herausforderung, diese innere Kriegerin zu einer Kriegerin des Lichts werden zu lassen.

Das Element Feuer steht in enger Verbindung mit deiner höchsten Intuition und deinem Ausdruck.

Wendest du dich dem Element Feuer zu, wirst du an all die Aschehaufen kommen, in denen die Reste deiner Geburtsvision liegen. Beginne, diese Aschehaufen zu durchsuchen und stelle dich den Dingen, die du dort in ihnen findest. Da werden sich alter Zorn und Wut, viel Verzweiflung des Mädchens in dir und auch Reste deiner Einsatzfreude und deiner Ideale und Träume finden.

Beginne, sie dir anzuschauen und bitte um die Hilfe der Kräfte des Lichts, wenn der alte Zorn sich freisetzt. Beziehe deine innere Lehrerin, Heilerin und Priesterin mit ein und bitte sie um Hilfe beim Wiederfinden und Bearbeiten der Aschehaufen.

Macht es dir Angst, dich mit deinem Feuer zu konfrontieren, kannst du so lange Liebe und Heilung auf all die Aschehaufen senden, wie es für dich richtig ist. Beginne erst dann, sie dir näher anzuschauen, wenn du das Gefühl hast, es aushalten zu können.

Sei achtsam und liebevoll mit dem Element Feuer und halte die Flamme so, dass sie dich wärmen kann, wenn du frierst, dass sie verbrennen kann, was du nicht mehr brauchst, ohne alles rundherum mit zu verbrennen, und dass sie leuchten und strahlen kann in ihrer Wärme und Liebe, ohne um dich herum „verbrannte Erde" zu hinterlassen.

Bitte deine innere Kriegerin, die Flamme zu hüten und zu schauen, was sie dort hineingeben möchte, weil sie es wirklich nicht mehr braucht. Erlaube ihr auch, sich einmal in das Feuer hineinzustellen und gönne ihr die Erfahrung, nicht darin zu verbrennen.

Die innere Priesterin ist verbunden mit dem Element Wasser. Das Element Wasser steht für deine Emotionen, und eine starke Betonung des Wasserelements weist immer darauf hin, dass du eine feine Antenne für die Gefühle anderer Menschen, Tiere und Situationen hast, dass du sensibel erspüren kannst, welche Kräfte an welchen Orten wirken.

Tritt deiner inneren Priesterin sensibel gegenüber und erforsche mit ihr die Kraft und Wirkungsweise des Wassers. Vergieße mit ihr zusammen all die Tränen, die geweint werden wollen über all das, was die Sensibilität in dir verletzt hat. Über all die Erlebnisse, in denen deine Gefühle und Wahrnehmungen nicht beachtet wurden, oder auch, wo du selbst nicht auf die feine Stimme in dir gehört hast, die dich auf deine Empfindungen hingewiesen hat.

Frauen haben unendlich oft gehört, dass sie nicht gut genug seien, dass sie die Dinge nicht realistisch einschätzen könnten usw. Beginne mit der inneren Priesterin, all diese Erfahrungen in dir zu heilen, beziehe die innere Kriegerin, die innere Lehrerin und die innere Heilerin mit ein.

Sie werden der inneren Priesterin helfen können und wollen, wieder in ihre feine Schwingung zu kommen und ihre Sensitivität zu entfalten.

Es kann durchaus sein, dass alte traurige Erfahrungen aus früheren Inkarnationen sich zeigen und dich manches Mal der Schmerz zu überfallen droht. Begegne dir dann in Liebe und bitte die Kräfte des Lichts um Hilfe und Heilung, hülle die innere Priesterin in einen Kokon aus Liebe und

Heilung und schenke ihr Geborgenheit und Vertrauen. Errichte einen Altar für sie in deiner inneren Landschaft, und auch einen Altar in deinem Lebensraum. Gestalte den Altar mit ihrer Hilfe, und sie wird sich erinnern, wie dein Altar aussehen sollte, und wird Mut fassen, sich in dein Leben einzubringen.

Erlaube ihr, kreativ in der Gestaltung zu sein und ihre Inspirationen mit einzubringen.

Gönne dir und ihr Zeit und Muße, wieder vertraut miteinander zu werden. Mit der Zeit wirst du spüren, dass du zu deinen Gefühlen und Empfindungen stehen kannst und bereit bist, für die Göttin in dir einzustehen.

Gerne hilft da auch zu jeder Zeit die innere Kriegerin. Erlaube ihr, die Priesterin zu schützen, wenn diese gerade ihren feinen Wahrnehmungen lauscht und folgt.

Mit der Zeit wird die innere Priesterin sanft und liebevoll mit den Kräften des Wasserelements umgehen können. Sie wird keine großen Wogen oder kleine Rinnsale mehr brauchen, ihre Energie wird ein ruhiges, großes Meer – sanft und gleichmäßig bewegen sich die Wogen und kommen in Einklang mit Allem-was-ist.

Die innere Lehrerin ist verbunden mit dem Element Luft, dem Element, das Menschen nur in veränderter Form sehen können, aber sehr wohl erspüren.

Die innere Lehrerin kennt das Wissen aus allen Zeiten und hat Zugriff auf die kosmischen „Datenbanken“. So ist sie oft „hellsichtig“ oder „hellhörig“, hat eine besondere Wahrnehmung der Dinge, die ihr begegnen, denn sie erkennt sie in einem kosmischen Zusammenhang.

Oft fällt es ihr schwer, Themen nur aus der eigenen Perspektive zu betrachten, denn sie nimmt ganz von selbst die größere Perspektive ein.

Über diese ist sie verbunden mit Allem-was-ist, war und sein wird, und so wird sie oftmals vor Inspiration fast überlaufen und kann Schwierigkeiten haben, diese Inspirationen, die oftmals über verschiedene Ebenen erfolgen, in Worte zu kleiden und Menschen zugänglich zu machen.

Es erfordert für sie viel Training, das alles unterscheiden und entsprechend weiterleiten zu können, und sie braucht für die Integration oftmals Hilfe.

Schau dir an, wie es um deine Beziehung zu dem Element Luft bestellt ist: Wie geht es deiner inneren Lehrerin, und mag sie über das sprechen, was sie erlebt hat und was sie weiß?

Vielleicht hat sie Angst, über ihre Erfahrungen zu plaudern? Oder sie hat zu oft erlebt, dass ihr niemand zuhört, und möchte nicht mehr sprechen? Lass sie sich ausdrücken und schau, wie die innere Kriegerin, die innere Heilerin und die innere Priesterin auf sie reagieren, und wie die innere Lehrerin auf die anderen Kräfte reagiert.

Hilf ihr, ihren Weg in die heutige Zeit und dein jetziges Leben zu finden, und begegne ihr liebevoll und geduldig. Ist sie aufbrausend und zornig wie ein wütender Herbststurm, oder ist sie wie eine sanfte Brise? Oder ist gar Windstille? Wieviel Luft mag sie, wie verarbeitet sie die Eindrücke und Inspirationen?

Ist sie streng und verschlossen, so beginne, kreativ mit ihr umzugehen. Biete ihr Ausdrucksmöglichkeiten für ihre Inspirationen an. Vielleicht kann sie sich besser über das Malen oder Basteln ausdrücken? Gib ihr alle Möglichkeiten, die du auch dir geben würdest und kannst, und erlaube ihr und dir zu heilen und eine liebevolle Inspiration für die Schöpfung zu werden und zu sein.

Die innere Heilerin ist verbunden mit dem Element Erde, mit dem Element, das dir die Möglichkeit gegeben hat, in der Materie sichtbar zu werden.

Erde kann eine sanfte Landschaft sein und auch schroffe Berge, Erde ist wechselhaft und ausdrucksstark, Erde kann verschütten und ersticken und auch neues Leben hervorbringen oder entstehen lassen.

Keines der Elemente kann ohne das andere sein. Die innere Heilerin ist kraftvoll und stark wie die Erde.

Die innere Heilerin kann dir helfen, dein eigenes Fundament im Hier und Jetzt zu bauen und zu erhalten. Sie kann dir Stabilität und innere Ruhe geben, wenn die anderen Elemente überschäumend sind und eine zu starke Dominanz haben.

Sie kann das Wasser stauen, das Feuer ersticken und den Sturm bremsen. Sie gibt dir Wurzeln und lässt dich dein Leben halten, damit du nicht wie ein Blatt im Wind treibst.

Lerne sie kennen und schau dir an, wie es ihr ergangen ist. Vielleicht ist sie ärgerlich, weil du nicht genug auf dein Fundament geachtet hast? Oder weil du keine stabilen Wurzeln in deinem Leben hast?

Sie kennt die Strukturen und das Chaos, und sie wird in das Chaos Struktur bringen, in der du Wurzeln bekommst und in deinem eigenen Leben ankommst. Sie erinnert sich, welches Leben du für diese Inkarnation gewählt hast, und wird dir mit Liebe und Freude helfen, dieses Leben zu bewältigen.

Immer wieder wird sie dich erinnern, dass du Füße hast, mit denen du auf der Erde stehst, und dass du Heilung bringen kannst für diese Schöpfung, wenn du mit ihr lebst und arbeitest.

Sie ist diejenige in dir, die den anderen Kräften Stabilität gibt, die das Feuer in einem nährenden, warmen Ofen hält, die den Sturm in dir in gesunde und reine Luft verwandelt und die das Wasser zu einer sprudelnden Quelle und einem ruhigen Meer werden lässt.

Sie setzt Grenzen und warnt, wenn du diese Grenzen nicht sehen willst, aber sie liebt dich und schenkt dir Möglichkeiten und Wege, wenn du mit ihr im Einklang bist.

Tritt immer wieder mit ihr in Kontakt, wenn das Leben und die Erfahrungen dich durcheinanderwirbeln, und bitte sie um Hilfe und Rat.

Die innere Heilerin hat den intensivsten Bezug zu der Großen Göttin, und sie ist für dich da: für deine Heilung, deine innere Ruhe und deine innere Zufriedenheit.

Schaue regelmäßig nach den vier Kräften, begleite, liebe und hüte sie, und kommst du mit ihnen in Einklang und Harmonie, kannst du beginnen, das Fünfte Element zu entfalten. Das Fünfte Element ist die Inspiration und der Klang der Göttin, die aus den Elementen alles erschafft in Freude, Liebe und Harmonie.

Beginne, mit den vier Kräften zu leben und somit dich selbst in deinem ganzen Sein zu entfalten, und erinnere dich immer daran, dass die Göttin aus dir heraus und durch dich wirkt und ist.

In Liebe, Freude und Licht,
Lady Portia

Eva-Maria Ammon

Metatron

Ancient-Master-Healing

Selbstermächtigung durch Selbsteinweihung

272 Seiten, A 5, broschiert

ISBN 978-3-938489-63-5

Die Einweihung in deine Selbstermächtigung ist ein wundervolles Geschenk an dich, an die Erde und an die Menschheit. Erst die jetzige Zeit mit ihren erhöhten Energien macht dieses Wunder möglich, dass du wieder zu dem erwachen kannst, was du in Wahrheit bist – Licht! Diese deine Vollkommenheit wird dir überreicht durch Metatron, Miranlaya, Sananda, Lady Nada, Lady Gaia, Lady Kwan Yin und Saint Germain.
Dieses Arbeitsbuch ist ein Buch zur Selbsteinweihung und ermöglicht dir, dich in Verbindung mit den Aufgestiegenen Meistern und Meisterinnen in die kraftvolle Energie der Quelle selbst einzuweihen.

Rosemarie Gehring

Meditationen *für* ein glückliches BewusstSein

168 Seiten, A 5, broschiert

ISBN 978-3-938489-57-4

Die geistige Ebene hat über die Autorin den Menschen Meditationen zur Verfügung gestellt, durch die diese ihr Leben positiv beeinflussen und aus der Schwere in die Leichtigkeit gelangen können, damit sich ihr Leben in die richtige Richtung entwickeln kann. Die wundervolle Kraft der Meditationen und Affirmationen für sich selbst und das eigene Umfeld bringen Licht und Liebe in die Welt und heilen im Wechselspiel auch unsere Mutter Erde.

Patrizia Pfister

KRYON - Weckruf für die Menschheit

Zurück zur Quelle

528 Seiten, A5, gebunden, mit Leseband

Mit über 100 farbigen Abbildungen

ISBN 978-3-938489-60-4

In *Weckruf für die Menschheit* geht es darum, das Wesen der Lichtkörper und ihrer Chakrensysteme näher zu beleuchten, denn über den Aufbau dieser Systeme und die Thematik der Chakren lassen sich Symptome der verschiedensten Art schneller eingrenzen und besser verstehen und durch „Bearbeitung“ auflösen. So zeigt Kryon, dass es drei verschiedene Lichtkörper gibt: Der Irdische, der Galaktische und der Kosmische.
Mit über 50 s/w Abbildungen und mehr als 100 Farbtafeln, die mit der Energie der Gnade geladen sind und mit deren Hilfe diese Chakren, Lichtkörperschichten und die Kanäle dazwischen aktiviert bzw. von Blockaden befreit werden.
Ein Arbeitsbuch für Fortgeschrittene!

Jahn J Kassl
Die Jesus Biografie – Mein Leben auf Erden
168 Seiten, A 5, gebunden, mit Leseband
ISBN 978-3-938489-58-1

· Wie und wo verbrachte Jesus seine Kindheit?
· Warum wurde Johannes der Täufer wirklich getötet?
· Wer war Maria Magdalena?
· Wie verwandelte sich Wasser in Wein?
· Was sättigte die fünf Tausend?
· Wie verstehen wir SEINE Botschaften?
· Wodurch erklärt sich das „Phänomen" der Stigmata?
· Was ereignete sich in jener Nacht, als Jesus verhaftet wurde, tatsächlich?
· Was hat es mit dem „Tod am Kreuz" auf sich?
· War das Grab leer?

Diesen und vielen anderen Antworten werdet ihr in diesem Buch begegnen, - eine Begegnung, die euer Leben verändern kann, denn ihr begegnet SEINER Kraft und SEINER ewigen Liebe zu den Menschen.

Birgit Maria und Peter Niedner
Gesetze des Alls
680 Seiten, A 5, gebunden, mit Leseband
ISBN 978-3-938489-55-0

Im Auftrag und mit ständiger Führung durch die Geistige Welt entstand dieses Buch über die Universellen Gesetze. Drei Jahre arbeiteten die Autoren, um dieses Werk in die Manifestation zu bringen, da es ein großes Anliegen der Geistigen Welt war, Wissen unter uns Menschen zu bringen und das Wissen der Gesetze, die all überall Gültigkeit haben, in unseren Köpfen zu verankern, wir sozusagen die Möglichkeit erhalten, dieses allumfassende Wissen zu integrieren und es zu leben. Zu diesen Gesetzen gehören u.a. *Gesetz von Ursache und Wirkung, Gesetz der Polarität, Gesetz der Anziehung.*
Die Aufgestiegenen Meister Jesus Sananda, St. Germain, Serapis Bey, Hilarion u.a. sowie die Erzengel Michael und Metatron ziehen durch die Art ihrer Sprache den Leser von Anfang an in ihren Bann.

Eva-Maria Ammon
Lady Rowena – Die Kraft der Göttin in dir
248 Seiten, broschiert
ISBN 978-3-938489-43-7

Lady Rowena erinnert uns an unsere enge Verbundenheit mit Mutter Erde (Gaia), der Göttin (weiblicher Anteil der Quelle), den Kristallen und dem Universum.
Sie zeigt uns mit ihrer liebevollen Energie den Weg, wie wir das Heilsein und die Ganzheit in unser Leben integrieren und in Liebe Heilung in das Leben eines jeden bringen können. Ein Praxis-Heilungsbuch für die Zeit der Weiblichkeit in jedem Menschen, die auf unserer Erde geschunden und verraten wurde und in uns allen neu erwachen will, damit Frieden, Liebe und Licht auf der Erde zur Wahrheit werden.

Ava Minatti
Im Herzen Lemuriens
424 Seiten, gebunden, mit Leseband
ISBN 978-3-938489-39-0

Die Wiederentdeckung unserer lemurianischen Wurzeln ist ein weiterer wichtiger Schritt in die 5. Dimension. Im Herzen von Lemurien können wir unsere Intuition stärken, die Liebe zur Erde und den Ahnen wachsen lassen und die Kommunikation mit der Natur und ihren Kräften vertiefen. Die Erfahrungen und Speicherungen der nicht-geheilten Dualität werden sanft abgestreift, und unser wahres Sein beginnt zu leuchten. Wir kehren in das Zentrum unseres eigenen Herzens zurück und kommen in unserer Wahrheit an, aus der wir leben, schöpfen und erschaffen.
Die Meditationen und Übungen laden uns durch die Aktivierung des lemurianischen Erbes in uns ein, unsere Christuspräsenz anzunehmen und voller Vertrauen zu leben.

Angelika Balde
Das Maya-Regenbogen-Set
Gechannelt von den Plejaden
Kartenset mit 23 Heilkarten und Begleitbüchlein in Stulpbox
ISBN 978-3-938489-50-5

Geführt und gechannelt vom Herzen der Plejaden entstand ein völlig neues Kartenset, basierend auf den alten Glyphen der Mayas, und ein neues System der Numerologie.
Die Fünfte Dimension - die Ebene der Schöpfergötter - kennt keine geistigen Grenzen - keine Dogmen.
Jeder Gedanke, jedes Gefühl, jedes Wort ist schöpferisch.
Somit ist der Einzelne die Sonne seines eigenen Universums.
Das Kartenset bietet unzählige Varianten, sich spielerisch aus der polaren Welt von Licht und Schatten zu befreien, um vollkommen frei - im Sinne des Ganzen - auf dem eigenen Instrument seiner Seele zu spielen…

Patrizia Pfister
Wegweiser für das Regenbogenzeitalter
Kartenset mit 44 Karten und Anleitung
ISBN 978-3-938489-51-2

Die von der Geistigen Welt durchgegebenen Symbole auf den Karten sind eine Hilfe für jeden, der sein persönliches Regenbogenzeitalter durchschreiten möchte, um anschließend in das Goldene Zeitalter eintreten zu können, und eine wunderbare Hilfe für den Alltag.